Prof. Dr. Gela Weigelt

W0105669

# Dem Geheimnis der **Gedanken** auf der Spur

### Das Gehirn wächst mit seinen Herausforderungen

vianova
Verlag Via Nova

Die in diesem Buch beschriebenen Übungen und Techniken wurden entwickelt, um Menschen auf dem spirituellen Weg zu unterstützen. Bei diesen Informationen handelt es sich nicht um medizinische Ratschläge. Falls Sie an Symptomen leiden, suchen Sie bitte einen Arzt auf!

1. Auflage 2011
**Verlag Via Nova, Alte Landstr. 12, 36100 Petersberg**
Telefon: (0661) 6 29 73
Fax: (06 61) 96 79 560
E-Mail: info@verlag-vianova.de
Internet: www.verlag-vianova.de / www.transpersonale.de
Umschlaggestaltung: Guter Punkt, München
Satz: David Gwiasda
Druck und Verarbeitung: Fuldaer Verlagsanstalt, 36037 Fulda

© Alle Rechte vorbehalten

ISBN 978-3-86616-191-7

Prof. Dr. Gela Weigelt

Dem Geheimnis der Gedanken auf der Spur
Das Gehirn wächst mit seinen Herausforderungen

vianova
Verlag Via Nova

**Wer die Freiheit aufgibt, um Sicherheit zu gewinnen, der wird am Ende beides verlieren.**

# Inhaltsverzeichnis

# Über die Entstehung dieses Buches

*„Ändere deine Gedanken und dein Leben ändert sich."* Wayne Dyer

Ich war todunglücklich.

Schulmedizinisch wäre ich sicherlich als depressiv diagnostiziert worden, aber in mir vernahm ich eine Stimme, die meinte, dass es sich eher um eine Art Transformation, um einen Umwandlungsprozess meiner Seele handeln würde.

*„Auf die Dauer der Zeit nimmt die Seele die Farbe der Gedanken an",*

las ich und stellte erstaunt fest, dass dieser ca. 2000 Jahre alte Spruch des römischen Kaisers Marc Aurel genau den „Nerv" traf. Er stach in meine Seele und traf sie tief. Ja, in meine Seele, nicht in meine „Psyche", die ich akademisch viele Jahre studiert und gelehrt hatte.

Die akademische „Psyche" (griech.: Seele) war zu einem Modus verkommen, der mit der Seele, diesem im-materiellen, zeitlosen „Gebilde", nichts oder kaum mehr etwas zu tun hatte. Meine „Seele" war dunkel, hatte fast die (Nicht-)Farbe Schwarz angenommen. Wie war es dazu gekommen?

War es die „schwere" Kindheit?

Waren es die „bösen" Eltern?

Waren es die „gescheiterten" Beziehungen?

*„Das Glück Deines Lebens hängt von der Beschaffenheit Deiner Gedanken ab",* philosophierte Marc Aurel.

„Recht hat er!" Diese Erkenntnis kam wie das „Heureka" („Ich hab´s") des alten griechischen Philosophen Archimedes. Ich fing an, meine Gedanken zu beobachten.

Sie kamen meistens zwanghaft und unwillkürlich, ja unfreiwillig. Sie waren einfach da. „Wieso muss ich un-frei-willig Gedanken denken", dachte ich mir, „wo ich doch einen freien Willen habe?" Ich begann mich intensiv mit dem Phänomen „Gedanken" zu beschäftigen.

Sehr hilfreich war dabei das Buch „JETZT. Die Kraft der Gegenwart" von

9

Eckhart Tolle. Aber auch die Beschäftigung mit den Lehren des großen indischen Meisters Ramana Maharshi, auf die sich Eckhart Tolle bezieht, taten ungeheuer gut. Ich gewann eine innere Fluchtdistanz zu der Stimme in meinem Kopf, und der große Durchbruch geschah, als mir bewusst wurde, dass allen Gedanken der Ich-denke-Gedanke immanent ist.

Wie brav hatte ich während des Studiums dem zentralen Gedanken der neuzeitlichen, westlichen Philosophie des René Descartes *„Cogito, ergo sum"* zugestimmt: *„Ich denke, also bin ich."*
Langsam dämmerte mir, dass es so ein Als-ob-Gedanke war, ebenso, wie es einem Menschen zwingend so vorkommt, dass er einen freien Willen hat, da er seine Gedanken – und der freie Wille ist ein Gedanke – frei denkt. Im Labor des eigenen Bewusstseins erfuhr ich, dass diese Aussage total falsch ist. Genau andersherum ist es:
Durch die Illusion, der Denker seiner Gedanken zu sein, entsteht die Vorstellung, eine Person, ein Individuum zu sein. Bei genauerer Betrachtung entpuppt sich die Persönlichkeit aber als „persona" (lat.: Maske des Schauspielers). Und so war ich als Schauspielerin in meinem eigenen Leben durch selbiges gestolpert. Ich erkannte, dass ich zugleich auch Zuschauer meines eigenen Ich und Lebens werden musste, um dem unaufhörlichen Gedankenkarussell zu entkommen. Die eigenen Gedanken sind die schlimmsten Feinde der Menschen. Rückendeckung bekam ich durch die Wissenschaft. Das ist immer gut, da die Wissenschaft die Religion der Neuzeit ist. Die Neurowissenschaften bestätigen, dass es oben im Kopf, wo die Gedanken ihre körperliche Quelle haben, keinen Dirigenten gibt. Es gibt dort kein Ich, das den Neuronen (Nervenzellen) sagt, wie sie arbeiten und damit Gedanken produzieren sollen. Die Neuronen arbeiten für sich und erzeugen den Gedankenstrom, inklusive des Gefühls „Ich denke diese meine Gedanken."
Das Ich ist also der Gedanke, dass ich Gedanken denke.

*„Die Freiheit beginnt mit der Erkenntnis, dass Du nicht der Denker bist. In dem Augenblick, in dem Du den Denker zu beobachten beginnst, wird eine höhere Bewusstseinsebene aktiviert. Du erkennst, dass es einen unendlich großen Intelligenzbereich jenseits des Denkens gibt, von dem das Denken nur ein winziger Bruchteil ist."*

Diese Sätze von Eckhart Tolle und die Beschäftigung mit der Quantenphysik halfen mir entscheidend weiter. In der modernen Physik gibt es keinen Raum und keine Zeit als absolute physikalische Größen, sondern Materie, aus der die Eindrücke Raum & Zeit entstehen, ist in Feldern eingebundene Energie. Der Eindruck Raum entsteht zwischen zwei materiellen Objekten, und der Eindruck Zeit entsteht durch das scheinbare Vergehen von Zeit, konkret durch wahrgenommene Veränderungen materieller Objekte und ein inneres Gefühl vom Fließen der Zeit.

Dabei nagt nicht die Zeit am Haus, sondern das Wetter, und alles materielle Leben endet tödlich: Mit der Geburt ist der Tod vorprogrammiert. Das klingt nicht nach „Happy end", ist es aber sehr wohl. Raum & Zeit werden damit als Gedanken entlarvt. Der Glaube an Materie als fester Substanz wird von unserem Verstand, der aus vielen, vielen Gedanken besteht, erzeugt. Materie ist aber nicht Materie. Materie ist sozusagen verdichtetes Licht. Wenn wir unseren Verstand untersuchen, stellen wir fest, dass er es ist, der unsere Realität erschafft. Die von uns wahrgenommene Realität korreliert mit der Anatomie und Physiologie unseres Gehirns. So wie unser Gehirn gebaut ist und arbeitet, so präsentiert es die Welt inklusive der Person, die diese Welt und sich in dieser Welt wahrnimmt.

Unser Gehirn darf daher mit Fug und Recht als Zauberkünstler dargestellt werden. Es zaubert aus Ener-**gie Ma**-terie, das ist **MAGIE**. Im Osten wird diese MAGIE „Maya" genannt, die kosmische Illusion.
Westlich-akademisch heißt es „Epistemologie": Wie kommt der Mensch zu seinen Erkenntnissen? Durch seinen Verstand! Es sei denn, es wird die von Eckhart Tolle erwähnte andere Bewusstseinsebene aktiviert – aber das ist die „Kunst"!

Es ist die „Kunst des Glücklichseins", denn alle äußeren Umstände bringen letztendlich kein dauerhaftes Glück, höchstens momentanes Vergnügen.

*„Vergnügen ist das Glück des Verstandes. Glück ist das Vergnügen des Herzens."* Tibetisches Sprichwort

Verlieren wir den Glauben an die Objektivität unseres Verstandes, daran, dass unser Gehirn in der Lage ist, eine wirkliche Welt wahrzunehmen, löst sich die Welt auf. Am banalsten wird die Arbeitsweise unseres Verstandes deutlich, wenn wir uns vergegenwärtigen, dass es keine Farben gibt, wir aber Farben sehen. Farben sind elektromagnetische Wellen von unterschiedlicher Länge, nicht mehr und nicht weniger. Das satte Rot oder das leuchtende Gold oder das triste Dunkelbraun sind die Ergebnisse der MAGIE unseres Verstandes. Und ähnlich verhält es sich mit Materie als solcher. Was wir als „fest" sehen und fühlen, ist eigentlich ein Tanz – virtueller – Teilchen, die gleichzeitig Wellen sind.

Ich wurde langsam glücklicher. Hört sich merkwürdig an, ist aber so. Ich kam meinem Verstand immer mehr auf die Schliche. Er ist der Erzeuger meiner Person und meiner Realität! Er er-schafft eine Realität (lat. res, das Ding), die eigentlich so nicht vorhanden ist.
Diese Erkenntnis machte mich frei und damit glücklich. Ja, ich benutze bewusst dieses viel strapazierte Wort GLÜCK, denn hinter der materiellen Realität tat sich eine andere Wirklichkeit auf.

Sir Arthur Eddington hat das so ausgedrückt:

„*Die physikalische Welt gleicht Wellen, die das darunter liegende Meer der Transzendenz symbolisieren.*"

„Danke, Arthur!". „Gerne" höre ich aus dem Off. Ja, so ist das mit den Gedanken, der Stimme im Kopf. Werden auch Sie glücklich! Fangen Sie an, der Stimme in Ihrem Kopf auf die Schliche zu kommen. Langsam, ganz langsam vollzieht sich ein wunderbarer Wandel. Sie erleben die Glückseligkeit des reinen Bewusstseins. Das reine Bewusstsein bringt die Realität hervor. Sie werden damit zum (Mit-)Schöpfer Ihrer Realität, da Sie reines Bewusstsein sind. Ich spüre, dass Sie all das schon wissen. Dieses Buch soll Ihnen Impulse geben, so dass Sie sich an das erinnern, was Sie bereits wissen. Dieses Buch ist Ihr Begleiter bei Ihrer Einweihung in das große Geheimnis des Gehirns und seiner Gedanken. Heute weiß man, dass der alte Spruch *„Was Hänschen nicht lernt, lernt Hans nimmermehr"* schlichtweg falsch ist.

## Das Gehirn wächst mit seinen Herausforderungen.

Neuroplastizität heißt das Zauberwort. Das Gehirn ist ein Leben lang lernfähig oder besser gesagt, erinnerungsfähig, und zwar

# JETZT,

da es ein Vergehen von Zeit nicht gibt. Das ist für den menschlichen Verstand nicht denk-bar – es ist aber so. Wenn Sie krank sind, gehen Sie zum Arzt. Die Mediziner unterscheiden zwischen kurativer (heilender) und palliativer (lindernder) Medizin. Wenn Sie „gedankenkrank" sind, wie fast alle Homo sapiens sapiens, nur einige akuter als andere, benötigen Sie letztendlich eine heilende und keine lindernde „Medizin". Pillen gegen Gedanken (Antidepressiva, Beruhigungsmittel, angstlösende Medikamente etc.) können ein vorübergehendes „Schmerzmittel" sein, also palliativ wirken, aber nicht wirklich heilen.

Da Sie Ihre Gedanken sind, können auch nur SIE sich heilen!
Das klingt paradox, ist aber so. Und nur durch die Erkenntnis, dass das Ich, das Ego, ein Gedanke ist, wird Heilung vom Ego möglich.

*„Wann immer Du Dein Denken beobachtest, ziehst Du Dein Bewusstsein aus den Gedankenformen ab, und es wird dann zu dem, was wir den Beobachter oder Zeugen nennen. Dabei wird der Beobachter – das reine Bewusstsein jenseits der Form – immer stärker, und die Gedankenformen werden entsprechend schwächer. Wenn wir von der Beobachtung des Denkens sprechen, machen wir damit etwas zu einer persönlichen Angelegenheit, das eigentlich kosmische Ausmaße hat: Durch Dich erwacht das Bewusstsein aus einer erträumten Identifikation mit den Formen und zieht sich aus ihnen zurück."*
Danke, Eckhart Tolle!

Die Paradoxie liegt also darin, dass Sie „verschwinden" müssen, damit SIE präsent sein können.

> *„Der Verstand ist nichts als der Gedanke 'Ich'.*
> *Der Denkende ist die Ursache für das Auftauchen der Gedanken.*
> *Der Denkende ist das Ego. Sucht man es, verschwindet es von selbst."*
> Danke, Ramana Maharshi!

Kein Ego – kein Leid! Das ist auch die Essenz des Buddhismus.

Descartes – Der Denker          Buddha – Der Erwachte

# Einführung

**Was Sie schon immer über Ihre Gedanken wissen wollten, aber nie zu denken wagten.**

> *„Wir alle glauben, dass wir die Urheber unserer eigenen Gedanken sind. Wir gehen davon aus, dass sie nicht einfach als Botschaften in unserem Kopf auftauchen, sondern dass wir sie aktiv denken."* Deepak Chopra

Sie denken. Aber wie machen Sie das eigentlich?

Ihr Herz schlägt.
Ihre Niere filtert.
Ihr Darm entsorgt.
Ihre Zellen erneuern sich.

Ihr Gehirn produziert Gedanken.
Ihre Gedanken.
Mein Gehirn produziert Gedanken.
Meine Gedanken.
Ich habe das Copyright © auf meine Gedanken.
Sie haben das Copyright © auf Ihre Gedanken.

Schlagen Sie Ihr Herz?
Schlage ich mein Herz?
Gebe ich meiner Niere den Befehl, zu arbeiten?
Bestimmen Sie, wie Ihr Darm „Abfall" produziert?
Nein. Ihre und meine Organe arbeiten für Sie bzw. für mich, da sie zu unseren Körpern gehören.

Nur so nebenbei gefragt:
Haben Sie bzw. ich einen Körper oder sind Sie bzw. bin ich (m)ein Körper?

Ich denke meine Gedanken. Wer sonst? Ich denke was, was Sie nicht denken, zumindest nicht genau so wie ich.

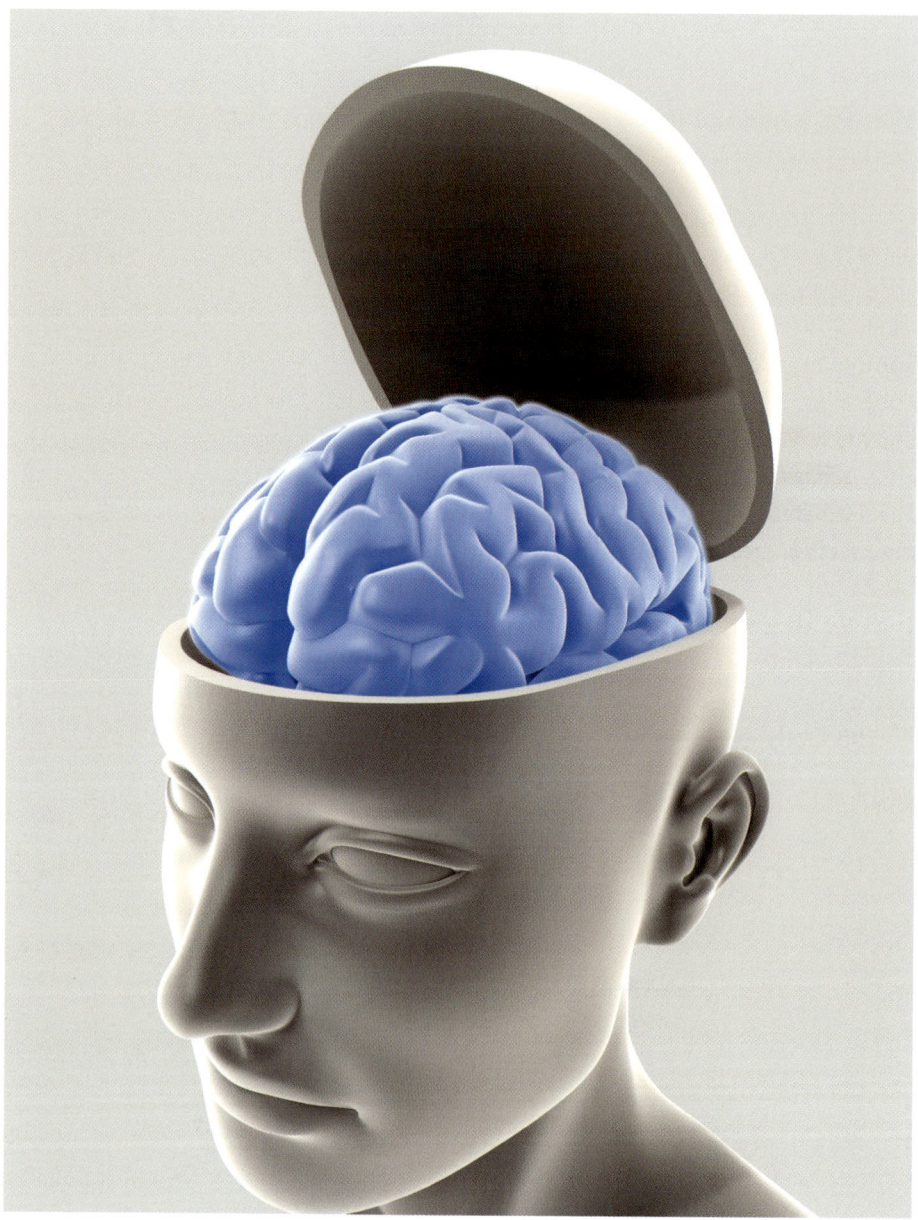

Open Mind: Niemand zuhause, nur Gedanken.

„Ich sehe was, was Du nicht siehst..." war ein beliebtes Spiel in meiner Kindheit. Ich denke meine Gedanken, so viel steht fest. Oder denkt mein Gehirn meine Gedanken, so wie meine Leber mich entgiftet? Viele meiner Gedanken sind Gift für mich. Warum denke ich sie nur? Fragen Sie sich das auch manchmal? Gedanken können so toxisch sein, und trotzdem sind sie da. Einfach so da.

Denkt diese ca. 3 Pfund schwere Masse in unserem Oberstübchen für uns? Oder sollte das Gehirn in meinem Schädel anderen Gesetzen gehorchen als das Herz in meinem Brustkorb? Wieso glaube ich das eigentlich? Wieso kommt es mir so vor, dass ich die Prozesse in meinem Gehirn initiiere und kontrolliere? Bei meinem Herzen bestimme ich nicht den Rhythmus. Es macht, was es will. Sollte mein Gehirn auch so autonom arbeiten, dann wäre ich nicht wirklich Herr/Frau meiner Gedanken.

Nein, es kann nicht sein, was nicht sein darf. Ich bin der Chef in allen Teilen meines Körpers.

Basta.

Geht es Ihnen ebenso wie mir?

*„Kommt der Mensch zu Gedanken oder kommen die Gedanken zu den Menschen?",*

fragte sich auch Martin Heidegger. Also, wie denke ich eigentlich meine Gedanken? Wie mache ich es, dass ich „Ich muss noch den Mülleimer raustragen" denke? Wie kommt dieser bzw. wie kommen alle anderen Gedanken in meinen Kopf bzw. wie entstehen sie in meinem Gehirn?

Ich denke doch nicht, dass ich den Gedanken „Ich muss noch daran denken, den Gedanken, den Mülleimer rauszutragen, zu denken", sondern ich denke: „Ich muss noch daran denken, den Mülleimer rauszutragen."

Denke ich diesen Gedanken bewusst oder nehme ich ihn wahr, nachdem er gedacht wurde?

Denken Sie auch diese ohne ähnliche ver-rückte Gedanken?

Viele wilde Gedanken schießen ständig durch mein Gehirn. Manche Gedanken scheine ich gewollt denken zu können, viele andere Gedanken möchte ich unbedingt nicht denken, aber ich scheine nicht wirklich Chef in meiner obersten Etage zu sein. Letztlich sind auch die gewünschten Gedanken einfach so da, da der Wunsch, diese Gedanken zu denken, auch einfach so da war. Nirgendwo in mir gibt es eine Kommandozentrale, die entscheidet, wie meine Nervenzellen im Gehirn feuern. Meine Neuronen feuern und das sind meine Gedanken.

Wollen, Wünsche und Gefühle sind letztlich alle eine Art von Gedanken, von Gedankenformen. Alles, was ich in mir wahrnehme, sind Gedanken. Auch Emotionen und Wahrnehmungen sind G e d a n k e n. Es gibt im Gehirn keine getrennten Schaltkreise und Netzwerke für Wahrnehmungen und Emotionen und Gedanken. Alles das lässt sich zusammenfassen unter dem Begriff „Verstand".

Was ich schon immer über meine Gedanken wissen wollte, aber nie zu denken wagte...!
Geht es Ihnen, liebe Leserin, lieber Leser, genau so wie mir? Ein weites Feld tut sich auf...

Die Gedanken der anderen Menschen kenne ich nicht direkt, und meine sind mir ein Rätsel, sobald ich anfange, über sie nachzudenken. Dabei scheint alles so einfach zu sein. Meine lautlose Gedankenstimme ist mir sehr vertraut. Ständig höre ich sie als eine Art Stimme in mir plappern. Ich bin meine Gedanken.

Die weitaus meisten meiner Gedanken tauchen ohne meine wirkliche Kontrolle auf. Nirgendwo in mir scheint es eine Instanz zu geben, die meine Gedanken wirklich inszenieren und kontrollieren kann. Ich bin meinen Gedanken letztlich hilflos ausgeliefert. Wo bzw. wie kann ich sie abstellen, diese meine Gedankenstimme? Sie geht mir oft tierisch auf die Nerven!

Wo ist der Off-Knopf? Wo ist die Bedienungsanleitung?

Mein Fernseher hat einen Abstellknopf ebenso wie mein DVD-Player, mein CD-Player, mein PC und mein i-Pod. Es ist teuflisch mit den Gedanken. Wenn ich meine eigene Gedankenstimme nicht mehr ertragen kann, will ich

mich ihr entziehen: Ich gehe schlafen. Oder ich sehe fern. Oder ich trinke leckeren Rotwein ;-)
Hoffentlich träume ich nicht, denn da sind sie schon wieder, diese Gedanken mit Bild und Ton. Nur der traumlose Tiefschlaf beschert Erleichterung: Endlich bin ich ohne mich.

Wie lösen Sie das Problem mit Ihren Gedanken?
Ich für mich habe daraus die Erkenntnis gezogen: Seinem eigenen Gedankenkarussell zu entkommen ist nicht einfach. Mit dem eigenen Gehirn über das eigene Gehirn nachzudenken erweist sich als verdammt schwierig.

Geht es Ihnen so wie mir?
Da bin ich also manchmal auf der Flucht vor mir selbst, vor meinem Selbst – wer hätte das gedacht?! Dabei liebe ich nichts mehr als mich, als mein Selbst.

Wieso dann diese Probleme?
Ewig bin ich mit mir „online". Meine Gedankenstimme plappert und predigt ohne Pause so vor sich hin. Manchmal bin ich entsetzt über mich: Ich denke Gedanken, für die ich mich eigentlich schämen müsste. Manchmal bin ich begeistert über meine „genialen" Gedanken.
Meistens denke ich Routinekram. Meine Gedanken haben unendliche Rückkopplungsschleifen. Dieses Grübeln! Diese Pein! Diese Qual! Dieses Leid! Diese Ängste!
Diese Horrorszenarien in meinem Kopf könnten es mit jedem oskarreifen Hollywood-Film aufnehmen. Gut, es gibt auch schöne, angenehm-aufregende Hollywoodstreifen, aber auch die sind irgendwann zu Ende.
Die Themen sind auch immer die gleichen: „Meine Gesundheit, mein Job, meine Familie, mein Haus, mein Garten, mein Auto..." – Schluss jetzt!

Aber nirgendwo finde ich ihn, den Schalter, der mich von mir befreit. Ich bin meinem Gehirn ausgeliefert wie meinem Herzen. Mein Herz macht, was es will. Mein Hirn macht, was es will.
Wo ist mein freier Wille?
Die Frage ist eher: Wo ist die (Fern-)Bedienung und wo ist das Programm zur Auswahl? Wer schaltet mir meine Filme ein? Gibt es nur die Videothek mit

fertigen Filmen? Wer schreibt die Drehbücher? Wie groß ist mein bewusster Anteil am Drehbuch, an der Umsetzung? Wer führt Regie? Die Gretchen-frage lautet also: Bin ich nur Eigentümer, Besitzer meines Körpers, inklusive Gehirn? Oder bin ich der Benutzer meines Hirns? Werden Sie noch gesteuert oder benutzen Sie schon? Bin ich Chef oder Sklave dieses, meines Körpers inklusive Gehirn?

Was Sie schon immer über Ihre Gedanken wissen wollten, aber nie zu denken wagten...

Wir scheinen ein gemeinsames Problem zu haben. Das Denken! Da der Problem-Raum nicht der Lösungs-Raum ist, lassen Sie uns gemeinsam auf eine Gedanken-Reise gehen. Reiseführer ist dieses Buch.

Der Problem-Raum ist der Gedanken-Raum. Der Lösungs-Raum ist das reine Bewusstsein. So viel sei an dieser Stelle schon verraten.

> *„Freiheit beginnt, wenn du erkennst, dass du mit dem Verstand, dem Den-ker, der dich im Zustand der Besessenheit hält, nicht identisch bist. Diese Er-kenntnis befähigt dich, den Denker zu beobachten. Sobald du beginnst, den Denker zu beobachten, wird eine höhere Bewusstseinsebene aktiviert."*
> Eckhart Tolle

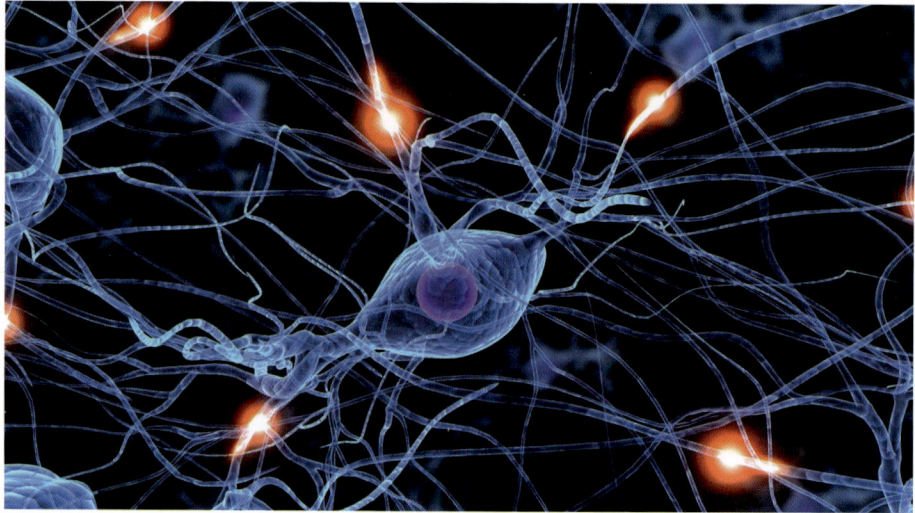

Aktive Neuronen und Synapsen.

Und bitte nie vergessen: Nehmen Sie Ihr Leben nicht persönlich!

FROHES SCHAFFEN!

„Mit dem Gehirn über das Gehirn nachdenken – geht das überhaupt?." Sarah Landmann

# 1. Das Gehirn ist das Organ, mit dem wir denken, dass wir denken.

*„Die Intuition ist ein göttliches Geschenk, der denkende Verstand ein treuer Diener."* Albert Einstein

*„Ihr Verstand ist der Behälter Ihrer Gedanken. Im Universum des Verstandes ist jeder Gedanke eine Galaxie."* Frank Kinslow

*„Jedem ist das Denken erlaubt, vielen bleibt es erspart."*

Leider nicht, lieber Curt Goetz! Es bleibt uns allen nicht erspart, unendlich viel zu denken. Vielleicht ist das, was wir „Denken" nennen, eine Krankheit

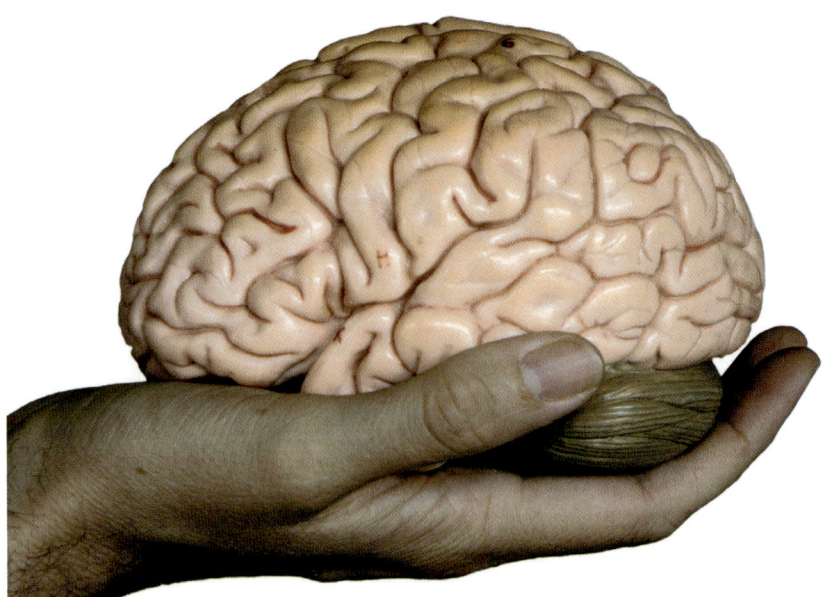

Das Drei-Pfund-Universum: Das Gehirn ist (k)ein (Bio-) Computer.

der Neuronen (Hirnnervenzellen), so wie Krebs eine Krankheit der Zellen ist. Natürlich gehört Ihr Kopf zu dem Gesamtkunstwerk „Mein Körper", aber die Neuronen arbeiten doch etwas anders als die Zellen im restlichen Körper. Ihre Neuronen produzieren Ihre Gedanken.

Denken ereignet sich bei fast allen Menschen meistens:

* un**frei**willig
* un**will**kürlich
* **auto**matisch-reflexhaft.

Ihr Verstand arbeitet also ohne freien Willen automatisch aufgrund der einlaufenden Informationen (lat. informatio = Idee/Vorstellung) und Arbeitsimpulse. *Persönlich* werden Ihre Gedanken durch den allen individuellen Gedanken zugrunde liegenden Quellcode: „**Ich** denke."
*„Cogito ergo sum"* – Ich denke, also bin ich. Dieser Satz des französischen Philosophen und Mathematikers René Descartes bestimmt bis heute unsere Vorstellung von uns selbst, von unserem Ego, von unserem Ich, das bei genauerem Hinsehen ebenfalls ein Gedanke ist!
Da Sie mit Ihrem Verstand auf diese Weise identisch sind, fällt es Ihnen nicht auf, dass Sie ein Produkt Ihres Verstandes sind. Wie bereits erwähnt, ist Ihr Verstand ein Magier (gr. magos „Zauberpriester"), er zaubert aus Ener**gie** Ma**ter**ie. Es ist die **MAGIE**, die im Osten „Maya" – Illusion – genannt wird. Den Aberglauben an die Materie werde ich Ihnen in Kapitel 4: „Nichts ist so unglaubwürdig wie die Realität" austreiben.

Ihr Verstand „zaubert" auch Ihren Körper – er zaubert generell aus energetischer Schwingung die ganze Welt der Dinge. Doch langsam: Nicht vom Hölzchen aufs Stöckchen. Wir sind bei unserem Verstand. Sie als Homo sapiens sapiens (lat. vernunftbegabt) haben einen Verstand, ebenso wie alle anderen Lebewesen dieser biologischen Art. Der Mensch hat sich selber zum Homo sapiens sapiens, zu dem, der um sein Wissen weiß, gekürt, da er sich für das am weitesten entwickelte Wesen im Kosmos hält. Der Mensch ist sich also bewusst, dass er denken kann. Aber damit nicht genug. Der Mensch meint auch, er könne über sein Denken nach-denken.

Wir wollen den menschlichen Verstand jetzt einer genauen Analyse unterziehen und unterteilen ihn wegen der besseren Anschaulichkeit in drei Abteilungen:

1.  Abteilung: Wahrnehmung (Perzeption)
2.  Abteilung: Gefühle (Emotionen)
3.  Abteilung: Denken (Apperzeption)

Alle drei Abteilungen bilden neuronal ein Netzwerk, einen Schaltkreis. Jegliche Trennung ist also, wie jeder Dualismus, künstlich.

Unser Ich-Gefühl, unsere Identität, basiert also auf dem „Ich-denke,-also-bin–ich-Gedanken" als Matrix, als Quelle. Schließlich hören Sie Ihre Gedanken-Stimme im Kopf. Hören Sie eine Stimme, die nicht die Ihre zu sein scheint, ist der Gang zum Psychiater inklusive der Diagnose „Psychose" nicht allzu abwegig. Der Verstand, Abteilung Wahrnehmung, funktioniert nach dem Muster: Ich nehme wahr (Wahr-Nehmung) und das ist dann die Realität. Wenn Ihre Wahr-Nehmung der Realität von der Ihrer lieben Zeitgenossen abweichen sollte, ist unter Umständen eine Einweisung in die geschlossene Abteilung der Psychiatrie ebenfalls denkbar. Aber als kleiner

Ohne Gehirn geht gar nichts.                                   Oder?

Trost: Auch Irre sind menschlich!

„Ich glaube, was ich sehe" – so lautet das Credo der Abteilung Wahrnehmung des menschlichen Verstandes.

An dieser Stelle sei nochmals ausdrücklich darauf hingewiesen, dass jede Wahrnehmung ein Denkprozess ist, der auch Gefühle beinhaltet. Alle Abteilungen eines Kaufhauses oder Krankenhauses sitzen auch unter einem Dach, und in Ihrem Gehirn gibt es keine separaten Abteilungen für Gedanken und Gefühle; sie bilden vielmehr ein komplexes Netzwerk. Gefühle sind im Körper reflektierte Gedanken. Das Wort „Wahrnehmung" suggeriert also – Errare humanum est, oder: Irren ist menschlich – dass der Verstand die Wahrheit, die wahre Wirklichkeit wahr-nimmt. Das heißt, dass es ein aktiver Prozess ist. Inwieweit das unserer bewussten Kontrolle unterliegt, ist eine andere Frage.

Aber wie Wahr-nehmung funktioniert, erfahren Sie genauer in Kapitel 4. An dieser Stelle sei nur so viel verraten: Die Welt marschiert nicht 1:1 in Ihren Kopf. Die Welt wird in Ihrem Hirn errechnet, und dann entscheidet Ihr Hirn: „Das ist die Welt da draußen." In Ihr Hirn gelangt kein Baum, kein Huhn oder keine Pyramide: In Ihrem Hirn laufen nur biochemisch-elektrische Prozesse ab, die den Ein-Druck einer „Welt-da-draußen" erschaffen.

Die Realität (lat. res „Ding") ist die materielle Welt der Dinge und Formen. Sie ist eingebunden in das Koordinatensystem Raum und Zeit – oder seit Einstein „Raum-Zeit-Kontinuum"–, ohne das der Mensch nichts wahrnehmen kann. Raum & Zeit sind die Basis für jede Art der sensorischen Wahrnehmung, der Perzeption. Die Sphäre hinter dieser Raum-Zeit-Welt kennt weder Raum (Ausdehnung, Distanz) noch Zeit (quasi ein Nacheinander des Erlebens). Sie ist instantan (augenblicklich, gleichzeitig) und nicht-lokal, kennt also das Koordinatensystem des menschlichen Verstandes gar nicht.

Aber kommen wir jetzt zu der *2. Abteilung* Ihres Verstandes: Gefühle (Emotionen)! Der Verstand nimmt meistens gefühlte Gedanken wahr, also Gedanken-Gefühle. Fast alle Gedanken habe eine Gefühlsqualität: Anziehung (Sympathie), Abneigung (Antipathie), Angst, Hass, Überlegenheit, Minderwertigkeit, Liebe, Begehren, Ekel etc.. Emotionen (lat. Heraus-Bewegung) bringen also den Psycho-Schwung in die Gedanken. Und umgekehrt!

Die *3. Abteilung* unseres Verstandes ist das Denken, also der Hauptjob unseres Gehirns. Gedanken sind der Inhalt unserer Denkprozesse, die mit Hirnaktivitäten korrespondieren, auf die Sie als Hirnbesitzer aber scheinbar so gut wie keinen Einfluss haben.

Ihre ca. 100 Millionen/Milliarden (sorry, aber in den Fachbüchern differiert die Zahl immens und ich persönlich habe meine noch nicht gezählt) Neuronen machen, was sie wollen. Sie produzieren mit ungeheurem Fleiß Gedanken auf der Matrix: „Ich denke."
Die Wahr-nehmung und Identifizierung mit dem eigenen Körper inklusive der eigenen Gedanken ist Teil des kosmischen Spiels oder Dramas – je nach Wahrnehmung des eigenen Schicksals. *„Im Drama des Daseins sind wir sowohl Schauspieler als auch zugleich Zuschauer"*, schrieb der Physiknobelpreisträger Niels Bohr.
Ihre persönliche Soap opera hat sicherlich viele Ähnlichkeiten mit der der anderen Homo sapiens sapiens, da wir – trotz individueller DNA– ein sehr ähnliches Strickmuster haben. Es menschelt überall! Ihr Verstand hat einen anderen „Fingerabdruck" als meiner, letztlich sind aber alle „Verstände" eins, da es nur ein Bewusstsein gibt. Aber wir benutzen die Finger auf sehr ähnliche Weise und wir schaffen die Welt gemeinsam.
Ihr Verstand, Ihre „Denke", ist an Ihr Gehirn gebunden, jedenfalls solange Sie leben. Was „vorher" und „nachher" kommt, steht auf einem anderen Blatt. Dazu mehr unter dem Exkurs: „Zeit, ein ganz besonderer Gedanke."

Jetzt kommen wir zur Chefetage Ihres Verstandes, zu Ihrer höheren Vernunft, zum sapiens des sapiens. Sie ist die Ebene, die über das Nachdenken nachdenkt, also die Reflexion der Reflexion darstellt.
Ihr Verstand sagt Ihnen, dass es Unsinn ist, sich in Madonna oder Leonardo da Vinci oder di Caprio zu verlieben, aber Sie sind es trotzdem, und da gibt es eventuell Ärger mit der Vernunft! Bei dem erstgenannten Leonardo sind Sie wohl eher in seine Werke, aber bei dem zweitgenannten eventuell in seinen body oder seine eyes verliebt, wie wir alle wissen eine Art hormonell bedingtes kleines Psychöschen, also eine Psychose, die als zumindest zeitweise „normal" gilt. Ihr Verstand sagt Ihnen, dass es eigentlich egal ist, ob Sie der authentischen Inszenierung des Politikers XY oder der Politikerin

YX auf den Leim gehen, alle haben schließlich ihre Medienberater, aber Sie machen als gute/r Demokrat/in dann doch noch irgendwo im Nirgendwo der Politikpropaganda Ihr Kreuzchen und tricksen die Vernunft aus. Ihre Vernunft sagt Ihnen, dass es „dumm" ist, trotz roter Zahlen auf dem Konto einen Urlaub auf den Seychellen zu buchen, aber Ihr Verstand findet doch noch eine kleine Ausrede: „Man gönnt sich ja sonst nichts." Ihre Vernunft sagt Ihnen nach langem Nachdenken, dass der Weltfrieden offenbar weder durch Politik noch durch akademische Friedensforschung zu erreichen ist, aber Ihr Verstand muss doch an irgendetwas glauben können/dürfen. Und wenn sich „Wissen" dann auch noch als „Glaube" outet, wird es selbst im Hochsicherheitstrakt der Vernunft ungemütlich.

Wo ist die Lösung unseres Problems „Verstand/Vernunft"? Wir müssen unser Denken transzendieren, so wie die Quantenphysik den Materialismus überwunden hat und ihn als Aberglauben entlarvt. Transzendieren heißt etwas überschreiten. Wir müssen unser eigenes Hirn überschreiten, um frei zu werden von der Sklaverei und Tyrannei unserer Gedankenhölle, denn schließlich wollen wir in den Gedankenhimmel.
Wie gelangen Sie in den „Himmel"?
Indem Sie erkennen, dass Sie nicht der Denker Ihrer Gedanken sind und das Gehirn das Organ ist, mit dem Sie denken, dass Sie denken. Der Himmel, das ist reines Bewusstsein, jenseits der schweren, materiellen Gedanken.

*„Das Gehirn ist ein Bote des Bewusstseins."*
John C. Eccles, Medinzinnobelpreisträger

Das Gehirn ist eine Art Receiver (Empfänger) für „Wellen" (wavicles = Waves & Particel), die im Hirn weiter verarbeitet, transformiert werden, gemäß der individuellen Strukturen und Inhalte unseres Verstandes. Der Impuls kommt aus der endlosen Weite des überpersönlichen, universellen, kosmischen Bewusstseins und dockt an unsere Neuronen an, die dann arbeiten „wie verrückt", um Ihre und meine persönlichen Gedanken zu produzieren.

Wie ein Fernsehapparat empfängt Ihr Gehirn aus dem nicht-lokalen, zeitlosen Bewusstsein Informationen, die dann zu Bildern und der Stimme im

Kopf – also Gedanken – werden. Aus der Idee wird eine Form: In-**form**ation. So wie im Fernsehapparat der Nachrichtensprecher nicht enthalten ist, so sind auch Sie nicht in Ihrem Hirn enthalten. Sie sind ein Produkt des vom Ihrem Hirn erzeugten bzw. errechneten Verstandes. Öffnen Sie Ihr Hirn und Sie werden feststellen: „Niemand zu Hause". Sie als Person (lat. persona = Maske des Schauspielers) sind die „Benutzermaske", die „Bildoberfläche", und durch sie tönt (personare) das reine Bewusstsein. Werden Sie sich dessen bewusst und Ihnen fällt ein Stein vom Herzen.

*„Wenn das Herz denken könnte, würde es still stehen",*

schreibt Fernando Pessoa. Auch gut.

*„Man sollte die Bibel ernst nehmen und nicht wörtlich. "*

Danke, Carl Friedrich von Weizsäcker. Deshalb versuchen wir es mit der Bibel.

*„Im Anfang war das Wort, und das Wort war bei Gott, und das Wort war Gott... und das Wort ist Fleisch geworden. "* Joh. 1,1 und 1,14

Am Anfang war die „informatio" und daraus wurde In-**form**ation und in der Welt der Formen, in der Realität, steckt Gott, das Absolute. Gott, das Absolute, das reine Bewusstsein, ist also immanent, steckt in der materiellen Welt, aber es ist auch transzendent, es geht darüber hinaus. „In der Welt sein, aber nicht von der Welt sein", heißt es schon in der Bibel. In der Welt zu sein, aber nicht von der Welt zu sein, ist aber „verdammt" schwer. Wir Menschen haben Sehnsucht nach der transzendenten Wirklichkeit. Unendliche Sehnsucht! Die Realität ist eben – zumindest zeitweise – sehr schwer und leidvoll. Ein Individuum ist per definitionem das Nicht-zu-Dividierende, das Nicht-zu-Teilende. In uns steckt also mehr als die Realität. Also ist das In-dividuum eine Illusion, da in „Wahrheit" nichts geteilt ist. Wir sind auch die göttliche Wirklichkeit hinter unserem Gedankenvorhang. Aber Gedanken erweisen sich als großes Hindernis auf dem Weg zu Gott, zum reinen Sein.
Sie als Person sind das Ganze und gleichzeitig ein Teil des Ganzen: Und das Ganze ist mehr als die Summe seiner Teile.

1. Das Gehirn ist das Organ, mit dem wir denken, dass wir denken.

*„Es ist zu unterscheiden zwischen dem, dass eines ein anderes denkt, und dem, dass eines sich selbst denkt. Dies letztere entgeht in höherem Grade der Notwendigkeit, zweierlei zu sein. Es müssen also beide Eines sein."* Plotin

Aber man soll laut Albert Einstein alles so einfach ausdrücken wie möglich, auch nicht einfacher, daher noch eine andere, kürzere Variante:

*„Das Absolute ist Eins ohne ein Zweites."* Upanishaden

Oder sind Sie Fan von Meister Eckhart?

*„Wenn ich nicht wäre, wäre Gott nicht."*

Alles starker Tobak! Ich weiß. Aber mir glauben Sie ja nicht unbedingt, da muss ich schon mit „wissenden" Männern aufwarten. Jedenfalls ist es ein Aberglaube, an sich als Wesen zu glauben, das seine Gedanken im Griff, unter Kontrolle hat, so viel können Sie mir glauben. Und diesen Aberglauben wollen wir weiter demontieren. Ein Aberglaube ist etwas, an das man wider besseres Wissen glaubt. Und das Wissen der modernen Physik sagt uns ganz klar:

*„Ihr Leben, das Sie leben, ist nicht nur ein Teil dieser gesamten Existenz, sondern es ist im gewissen Sinne das Ganze. Dieses Ganze ist allerdings nicht so ausgebildet, dass es mit einem einzigen Blick erfasst werden kann."*
Erwin Schrödinger, Physiknobelpreisträger

Lassen Sie uns also viele Blicke auf das Ganze werfen, so dass Sie sich, Ihre Gedanken und damit das Universum besser verstehen können, denn das Universum ist ein einziger göttlicher GEDANKE. Dieser Ansicht war übrigens auch Isaac Newton.

29

**Exkurs: ZEIT – ein ganz besonderer Gedanke!**

*„Der Mensch sagt, die Zeit vergeht. Die Zeit sagt, der Mensch vergeht.“*
Volksweisheit

Vergeht die Zeit wirklich oder kommt es uns nur so vor? Gibt es Zeit überhaupt? „Was macht die Zeit, wenn sie vergeht?“, fragte sich schon Albert Einstein ernsthaft. Gar nichts, denn Zeit ist keine absolute physikalische Größe, kein wirklich realer Parameter, der vergehen könnte. Zeit ist im wahrsten Sinne des Wortes ein Hirngespinst! Zeit ist ein Produkt des Verstandes, da er ohne Zeit nicht funktionieren kann. Der Verstand kann sich selbst nicht transzendieren, da er im dreidimensionalen Raumzeitkontinuum des Gehirns gefangen ist – Bewusstsein dagegen kann über dieses 3-d-Kontinuum hinausgehen.

Mit dem Koordinatensystem von Raum & Zeit nimmt der Mensch seine materielle Realität wahr und kapiert nicht, dass es Zeit als fließende Abfolge von Augenblicken nicht gibt. Es gibt immer nur ein Standbild im JETZT, so wie es bei einem Film 24 Bilder pro Sekunde gibt, die dann das menschliche Hirn zu einem laufenden Film „machen", so ist es auch im Leben.

Oder wie ein Daumenkino: Alles einzelne Zeichnungen, aber unsere Augen, unser Gehirn lässt Bewegung entstehen. Durch die Illusion der Bewegung und Veränderung entsteht der Eindruck von Zeit, also von etwas, was es real gibt und was voranschreitet. Zeit ist sozusagen der Countdown des Lebens der mit der Geburt beginnt und mit dem Tod endet.
„Zeit ist eine hartnäckige Illusion", meinte dann auch Albert Einstein am Ende seines Lebens. Eigentlich gibt es immer nur das zeitlose JETZT und in diesem JETZT erlebt der Mensch seinen Lebensfilm.
JETZT erinnere ich mich an vergangene Ereignisse, JETZT entwerfe ich Pläne für Zukünftiges. Erleben kann ich immer alles – die Vergangenheit & die Zukunft nur JETZT.
JETZT lesen Sie diese Zeilen. Davor haben Sie im zeitlosen JETZT dies und das erlebt. Und wenn die Zukunft da ist, erleben Sie sie JETZT.

Nochmals: Die Illusion der Bewegung und Veränderung, die Erinnerung an und die Vorwegnahme von Ereignissen erzeugt den Eindruck von Zeit. Dieser Ein-Druck entsteht in Ihrem Verstand. Zeit ist eine Konstruktion des Verstandes, die im Jetzt stattfindet. Und dort im Verstand sitzt der nur sehr schwer auszurottende Aberglaube an den Materialismus, denn Materie und die Bewegung und Veränderung der Materie liegen im Auge des Beobachters dieser Vorgänge. Weil unser Verstand das Strickmuster 3 x Raum und 1 x Zeit hat, kommt uns die Realität zwingend so vor. Wir müssen lernen, stereo zu denken, noch besser: Dolby-Surround.
„In der Welt sein, aber nicht von der Welt sein" beinhaltet, dass wir in der Welt der Materie einige Uhren haben, an der Wand und am Handgelenk, und von diesen Chronometern lesen wir die Zeit ab. Auf dieser Ebene ist Zeit das, was die Uhr anzeigt.
In der Sphäre dahinter gibt es keine Zeit. Wenn wir die Zeit als Verstandesprodukt erkennen, sind wir einen wesentlichen Schritt weiter. Es ist ein echter Quantensprung, wenn Sie in die zeitlose Dimension jenseits der räumlichen Distanzen springen können.

31

Pünktlichkeit bleibt trotzdem die Höflichkeit der Könige. Erscheinen Sie zu Ihren Terminen pünktlich. Dafür gibt es Uhren. Aber Uhren messen nicht das Vergehen von Zeit. Uhren machen „tick, tick, tick" und springen von einer Sekunde zur nächsten. Der Verstand reiht diese „Ticks" aneinander und zaubert daraus den Eindruck von ETWAS, was die Menschen „Zeit" nennen. Uhrzeit ist eine physikalische Messgröße, aber nichts Wirkliches. Die Uhrzeit ist für das Leben in der Raum-Zeit wichtig, aber der Zeitgedanke kann sehr hinderlich sein, wenn Sie wirklich glücklich werden wollen.

Die messbare Zeit (gr. chronos) ist ein physikalisches Konstrukt, dagegen bezeichnet das griechische Wort „kairos" die zeitlose Dimension des reinen Bewusstseins, der Wirklichkeit hinter den Dingen.

„Wie schlage ich die Zeit bis zum Tod tot?" scheint die Devise vieler Zeitgenossen zu sein. Blinder Aktionismus, nur nichts verpassen, sich ausleben – das sind die Muster des modernen Menschen.

Zeit als Hirngespinst, als einen Gedanken zu entlarven, befreit. Stellen Sie

Die Zeit sitzt im Kopf und nicht am Handgelenk.

sich vor, Sie leben viele Leben gleichzeitig! Dieser Gedanke aus der Quantenphysik von den parallelen Welten gefällt mir persönlich viel besser als der Gedanke Reinkarnation. Auch im Buddhismus und Hinduismus gibt es die Reinkarnationsvarianten als „Opium fürs Volk": Mieses Karma = viele Wiedergeburten, eventuell sogar als Hund oder Wurm, versus „tolles Karma": Ich war immer eine Prinzessin, ein Feldmarschall oder Ähnliches. Oder denken Sie an das (un-)heilvolle „Jüngste Gericht" des Christentums. Alles Hirngespinste. Alles Verstandesprodukte. Der seriöse Teil der religiösen Schriften geht immer davon aus, dass es eine reale Existenz nicht gibt. Es gibt nur von einem Ego imaginierte Existenz(en). Das Ich und sein Leben als Verstandesprodukt erkennen heißt, den Kreislauf von Samsara zu durchbrechen und ins Nirwana einzugehen, und zwar instantan, augenblicklich, JETZT!

Der christliche Kirchenvater Augustinus fragt: Wenn einerseits Zukünftiges als Noch-Nicht nicht ist und andererseits Vergangenes als Nicht-Mehr auch nicht ist und drittens Jetztiges zwischen beiden zum bloßen Punkt verschwindet und also erst recht nicht ist, was ist denn dann nun eigentlich Sein, was soll das sein?

Sein ist das Absolute hinter den Dingen, aus dem die Dinge hervorgehen.

„Was in Gedanken und Gefühlen ist, ist wie eine Stadt in den Wolken. Das Auftauchen dieser Welten ist nichts anderes als Gedanken, die sich manifestieren. Alle Welten sind nicht mehr als veränderte Erscheinungsformen des Bewusstseins; im unendlichen Bewusstsein haben wir uns gegenseitig und miteinander erschaffen", heißt es in Übereinstimmung mit der modernen Physik im „alten" indischen Vedanta.
Stellen Sie sich doch einmal vor, Sie leben unzählige Leben und diese Leben sind alle Bewusstseins-Leben, also vom Verstand kreierte Leben in einer von ihm herbeigezauberten realen Welt. Sie wissen ja, Magie ist alles, was wir wahr-nehmen, da unsere realen Wahr-Nehmungen vom Verstand errechnet und der Vernunft als Wirklichkeit verkauft werden. Stellen Sie sich bitte weiter vor, dass alle Ihre Leben auf einer DVD gebrannt sind. Diese DVD sind sozusagen Sie. Auf dieser DVD sind alle Ereignisse enthalten, die Sie in Ihren diversen Leben jemals erlebt haben, erleben und erleben

werden. Es gibt keine zeitliche Abfolge von der Geburt bis zum Tod. Auf der DVD ist alles da – Sie haben nicht-sequentiellen Zugriff. Wenn Sie Ihre Lebens-DVD abspielen, beginnt das Spielchen von neuem: Geburt, Kindheit, Pubertät, Erwachsenenalter, Alter, Tod. Wenn Sie Ihre Lebens-DVD abspielen, wird aus allem, was JETZT auf der DVD eingebrannt ist, wieder ein Vergehen von Zeit: erst Säugling, dann Kleinkind, dann Teenager, dann Erwachsener, dann Senior = 50 plus, 60 plus, 70 plus, 80 plus (eventuell noch 90 plus), dann Leiche ohne plus. Das Plus (lat. mehr, größer) hört auf – oder nicht? Mit dem Körper stirbt der Verstand, nicht aber die Seele bzw. das Bewusstsein. Sie gehen ins PLUS ein, verlieren aber Ihre persönliche Individualität.

> *„Unsere Toten sind nicht abwesend, sondern nur unsichtbar. Mit ihren Augen voller Licht schauen sie in unsere Augen voller Trauer",*

schreibt der hl. Augustinus. Aber ich glaube, wir sollten noch einmal kurz zu dem Punkt zurückkommen, dass es Zeit – im Film die Bewegung – nicht gibt. Machen wir uns das an dem Beispiel der Bewegung auf dem Bildschirm Ihres Fernsehapparates klar: Dass die Schauspieler nicht im Gerät stecken, ist klar. Aber wie kommen die Bewegungen zustande?
Sie schauen sich Audrey Hepburn in „Frühstück bei Tiffany" an und sehen diese reizende Schauspielerin vor dem hochkarätigen Schaufenster von Tiffany entlanglaufen. Sie läuft von hier nach dort und betrachtet die kostbaren Schmuckstücke. Aber nichts bewegt sich wirklich von hier nach dort über den Bildschirm. Photonen und Elektronen werden ein- und ausgeschaltet; das „Off" bemerkt unser Verstand nicht, er ist auf „On" programmiert. Das An- und Ausschalten geschieht so schnell, dass unser Verstand eine Kontinuität erzeugt, die es eigentlich nicht gibt. Unsere Wahr-Nehmung kann nur das „On" registrieren, das „Off" entgeht ihm und daher erzeugt unser lieber Verstand die Information, die Vorstellung, dass sich Audrey vor dem Schaufenster von Tiffany bewegt.
Auf der Quantenebene ist es in unserem Leben wie im Kino. Die Standbilder des Lebens lernen laufen. „Als die Bilder laufen lernten", heißt es in der Geschichte des Kinos. Dass auch im „wahren, im realen" Leben Bewegung inklusive Veränderung ebenso eine Illusion ist wie in jedem Holly- oder

Bollywood-Schinken, nehmen wir nicht wahr. Aber wie schon mehrfach erwähnt, die Sache mit der Wahr-Nehmung ist ein besonders heißes Kapitel, aber auch der Schlüssel zu einem Quantensprung.

Auch der viel zitierte Quantensprung ist a-temporal – also ohne Zeit. Der Begriff „Quantensprung" wurde 1913 von Niels Bohr, Physiknobelpreisträger, eingeführt.

Ein Elektron springt von einem Punkt zum anderen, ohne sich zu irgendeinem Zeitpunkt in einem Zwischenzustand zu befinden. Es ist möglich, das zu verstehen, wenn man das Raum-&-Zeit-Raster aufgibt. Das Elektron springt nicht wirklich von einem Punkt in der Raum-Zeit zu einem anderen Punkt in der Raum-Zeit, es ist bereits da und wird dann dort gemessen. Es ist schon auf der DVD und diese DVD wird von beobachtenden Physikern abgespielt.

Im übertragenen Sinne bezeichnet „Quantensprung" im alltäglichen Sprachgebrauch jede radikale, spontane, extrem schnelle Veränderung, z. B. die, dass Sie die Zeit und auch den Raum als ein Produkt Ihres Verstandes erkennen können und nicht mehr als wahre Wirklichkeit erleben.

Nur Erkenntnisse, die über den Horizont gehen, erweitern ihn auch.

*„Der Beobachter ist mit der beobachteten Realität untrennbar verbunden."*

Danke, Werner Heisenberg, wo immer Sie JETZT auch stecken mögen.
„Ich stecke im Fegefeuer für unerlöste Physiknobelpreisträger", höre ich eine Stimme in meinem Kopf sagen. Oh je! Muss ich zum Psychiater?

# 2. Sind Sie Pilot oder Auto-Pilot Ihrer Gedanken?

*„Der Pilot sollte der Chef sein – der Auto-Pilot ist sein Instrument."*
Alexander Horwarth

Pilot und Autopilot plus Co-Pilot als alter ego.

*„Denn sie wissen nicht, was sie tun."* Jesus von Nazareth

*„Eine Person ist weder ein Ding noch ein Prozess, sondern eine Öffnung, durch die sich das Absolute manifestieren kann."* Martin Heidegger

Sie sind in sich ein zweieiiger Zwilling! Sie haben ein Doppel-Ich! Sie haben also sozusagen ein Doppel-Gedanken-Ich, sind aber nur ein Mensch. Diesem Phänomen wollen wir in diesem Kapitel auf die Spur kommen.
Sie sind sozusagen Ihr Hirn-Pilot und Sie sind Ihr Hirn-Auto-Pilot. Gleichzeitig! Einerseits sind Sie der Pilot Ihrer bewussten Gedanken, an-

dererseits sind Sie Ihrem Auto-Piloten, Ihrer unaufhörlich plappernden Gedankenstimme hilflos ausgeliefert. Befreien Sie sich aus der Sklaverei Ihres Auto-Piloten, der lediglich eine Instanz Ihres Gehirns ist. Auch wenn viele Gedanken Gift für den Piloten sind – sein Auto-Pilot hat ihn im Griff. Der Auto-Pilot als Chef – kann sich das ein wahrer Pilot bieten lassen?

Die schlechte Nachricht: Nirgendwo befindet sich ein Off-Knopf, um quälende Gedanken einfach abzuschalten. Sind wir daher dazu verdammt, ein Gedankenmasochist zu sein? Nein!

Die gute Nachricht: Es gibt trotzdem eine Lösung des Problems! Der Auto-Pilot ist sozusagen Ihr Unbewusstes, das, was unwillkürlich-automatisch in Ihnen arbeitet. Hirnforscher nennen diese Art des Unbewussten auch das „Implizite", das Enthaltene, das unbeobachtet großen Schaden anrichten kann. Viele Menschen sind sich ihres Auto-Piloten, der ewig plappernden Gedankenstimme in ihrem Kopf, gar nicht bewusst.

Sie halten dieses Plappern für ihr Denken als etwas, das sie tun, und nicht als etwas, das ihnen passiert. Wie bei einem Flugzeug gibt es in ihrem Gehirn zwei Instanzen, zwei Personen (lat. persona = Rolle des Schauspielers), den Piloten und den Auto-Piloten. Der Pilot übernimmt die schwierigen Aktionen wie Start und Landung, während der Auto-Pilot die restliche Flugzeit eingeschaltet ist. Der Pilot überlässt den ganzen Flug dem Auto-Piloten, ohne zu wissen, was im Auto-Piloten eigentlich geschieht. Er hat es mal gelernt, und jetzt vertraut er dem Autopiloten. So kann er sich dem zuwenden, was neu, interessant ist. Nur merkt er manchmal nicht, wenn der Auto-Pilot den Kurs ändert, und wundert sich dann, wenn er irgendwo anders landet, als er geplant hatte. Kommt Ihnen das bekannt vor?

Die Rechenoperationen des Auto-Piloten sind dem Piloten gar nicht bekannt, so wie Ihnen als Hirn-Piloten die neuronalen Aktivitäten Ihres Gehirns nicht bekannt sind – sie geschehen einfach. Ihr Hirn-Auto-Pilot produziert unablässig biochemisch-elektrische Prozesse, die Sie als Hirn-Pilot bestenfalls unterschwellig wahrnehmen.

Ihr Hirn hat ca. 100 Milliarden Nervenzellen, Neuronen genannt. In jeder Sekunde bekommt Ihr Gehirn 11 Millionen Bits Information. Bewusst werden Ihnen als Pilot nur ca. 40 Bits! Ihr Hirn verarbeitet also ca. 10,5 Megabyte Informationen, aber nur ganz wenige steigen bis zu Ihrem Pilot-

Ich auf. Übertragen wir das auf das Denken, ist es so, dass Ihr Auto-Pilot-Ich unablässig Gedanken denkt, Sie als Pilot sind Sklave dieser Gedanken, die als Stimme im Kopf erscheinen, eine Stimme ohne Ton, ein weißes Rauschen. Erst wenn Sie die Stimme in Ihrem Kopf als Ihre Auto-Pilot-Gedanken-Stimme entlarven, befreien Sie sich als Pilot-Ich aus der Diktatur Ihres Auto-Pilot-Ich.

Das ist der erste Schritt zur Lösung!

Es gibt ein Äquivalenz-Prinzip zwischen dem Piloten und dem Auto-Piloten. Der Pilot denkt 40-Bits-Gedanken, also ganz bewusste Gedanken wie „Wenn ich morgen mit dem Zug nach Köln fahren will, muss ich heute noch www.bahn.de anklicken und mir eine passende Verbindung ausdrucken." Gesagt – getan. Oder der Pilot denkt über die Äquivalenz von Energie & Masse nach: $E = mc^2$. Das macht Ihr Pilot-Hirn-Ich ganz bewusst, auch wenn der Schädel qualmt und die Neuronen quietschen. Die verbleibenden ca. 10. 999. 960 Auto-Pilot-Gedanken äußern sich als mehr oder weniger unbemerkte Stimme im Kopf, einer tonlose „Stimme", die auch Bilder erzeu-

| Sinnesorgan | Auto-Pilot (Bits pro Sekunde) | Pilot (Bits pro Sekunde) |
|---|---|---|
| Auge | 10.000.000 | 40 |
| Ohr | 100.000 | 30 |
| Haut | 1.000.000 | 5 |

Alle Informationen werden verarbeitet, aber nur die wenigsten werden dem Gehirnpiloten bewusst.

gen kann. Viele dieser 10. 999. 960 – Gedanken sind 0/8/15 – Gedanken, sie wiederholen sich in einer endlos scheinenden Rückkopplungsschleife. Viele dieser 10. 999. 960 – Gedanken sind Gift für Sie als Pilot, aber da kein Off-Knopf vorhanden ist, produziert Ihr Auto-Pilot sie einfach unwillkürlich-automatisch weiter und Ihr Pilot-Ich-Veto nützt da wenig: „Halt, ich will nicht immer und immer wieder an die schrecklichen Szenen meiner letzten Ehe erinnert werden!"

Unwillkürlich beinhaltet das Wort „Wille". Ihr Auto-Pilot-Ich hat keinen freien Willen; es ist den Hirnaktivitäten hilflos ausgeliefert, ein ROM-Programm: read only memory!

Auto-matisch beinhaltet das Wort „auto". Ich schlage ein schlaues Lexikon auf, und siehe da, es hilft entscheidend weiter: Auto, griechisch. Autos – „selbst" und aus portugiesisch und spanisch auto – „Handlung, Schauspiel". Das Auto-Pilot-Ich erschafft sich selbst das Schauspiel des Lebens.

Ist Ihr Leben eine Komödie, eine Tragödie, ein Drama oder eine soap-opera? Mit an Sicherheit grenzender Wahrscheinlichkeit eine tragische Komödie und eine komödiantische Tragödie gleichzeitig. Mit an Wahrscheinlichkeit grenzender Sicherheit eine Form von Comedy! Reality-TV? Sie schauen JETZT vielleicht ärgerlich in die Vergangenheit und ängstlich in die Zukunft?! „Was habe ich mir bloß dabei gedacht?" „Was soll nur aus mir werden?" Wie dem auch sei: In Ihrem Hirn entsteht Ihr Leben. Erst kommen Informationen (lat. informatio = Vorstellung) ins Hirn, dann bearbeitet Ihr Auto-Pilot diese und zaubert Gedanken inklusive Gefühle etc. daraus.

Diese Gedankenwelten sind, wie wir bereits festgestellt haben, meistens sub-liminal (lat. limen = Schwelle), liegen also unterhalb der Bewusstseinsschwelle Ihres Piloten. Der Auto-Pilot arbeitet sozusagen under cover, der Pilot bekommt normalerweise von seinen Aktivitäten wenig oder gar nichts mit. Der Auto-Pilot ist sozusagen der unbewusste Verstand, der Pilot ist die bewusste Vernunft und nur die bewusste Vernunft kann den unbewussten Verstand entlarven und versuchen zu verstehen. Erst wenn der Pilot in die Beobachter-Position geht, wird er sich seines Auto-Piloten-Ich bewusst, so wie der Flugzeugpilot auf seine Messinstrumente schauen muss, um den Auto-Piloten zu kontrollieren.

39

Das ist der zweite Schritt zur Lösung!

Die schlechte Nachricht: Ihr Verstand benutzt Sie! Aber die gute Nachricht lautet: Ihre Vernunft befreit Sie von dieser Tyrannei. Ihre Fähigkeit, den Piloten in die Beobachter-Position zu versetzen, bedeutet Freiheit. Und es kann sein, dass Sie als Pilot sich nicht wohlfühlen mit Ihrem Auto-Piloten, wenn er macht, was er will. Wenn Sie Ihre Gedanken nicht mehr ertragen können, suggeriert das zwei Ich-Instanzen: I and me – ich und mich:
Ich fühle mich... großartig
Ich denke mir, dass...
Ich kann mich nicht mehr ertragen.
Aber ich kann Sie beruhigen: Es ist nicht so, wie es scheint. In dem Moment, wo Sie die eigene kopfgemachte Sklaverei des zwanghaften Denkens Ihres Auto-Ich als „Krankheit" erkennen, als suboptimalen Funktionsmodus, machen Sie als Pilot einen Quantensprung.
Sie sind als Pilot auch noch ein „autos", ein kleines Selbst, aber keines, was den unwillkürlich automatischen Prozessen absolut hilflos ausgeliefert ist.
Wie sich bei einer Krebserkrankung Zellen auf Kosten des Gesamtorganismus ausbreiten, so breiten sich beim „Denkkarzinom" Auto-Pilot-Gedanken auf Kosten der ganzen Person aus.
Wenn Sie ein Flugzeugpilot wären, könnten Sie sich bei dem gemeinsamen Arbeitgeber (Wer das wohl wäre?) über Ihren Auto-Piloten beschweren. An dieser Stelle sei schon so viel verraten: Eine ähnliche Möglichkeit haben Sie als mentaler Pilot auch! In dem Moment, wo Sie sich als Pilot in die Beobachter-Position versetzen, werden Sie bewusst vom „Mich" zum „Ich".

*„In dem Moment, in dem du erkennst, dass du nicht in der Gegenwart bist, bist du gegenwärtig."* Eckhart Tolle

Ihr Pilot-Ich ist bewusst und explizit; es ist fähig zur Reflexion. Ihr Auto-Pilot-Ich ist unbewusst und implizit; es beinhaltet jede Menge Konditionierungen und Programmierungen. Kommen Sie als Pilot-Ich endlich Ihren eigenen inneren Scripten, auf die Sie festgelegt sind, auf die Spur! Durch wertfreie Beobachtung!

Das ist der dritte Schritt zur Lösung!

Untersucht der Pilot seinen Auto-Piloten, zeigt sich, obwohl alle Vergleiche hinken, eine gewisse Analogie zum PC: Die Programmierungen durch Gene und die bisherigen persönlichen Erfahrungen mit der Gesellschaft und der Umwelt – das ist alles ROM, das kann aber gelöscht und neu programmiert und als RAM verfügbar gemacht werden.
Hardware sind die Moleküle und Zellen, die Neurotransmitter im Gehirn etc., der Autopilot ist ROM, der Pilot/Verstand ist teils ROM, teils RAM, (Web. 1.0) und das erweiterte Bewusstsein ist der Programmierer (Web. 2.0) von ROM und RAM.

Zu beachten ist dabei die Kontinuität des sich wandelnden Körpers. In ca. einem Jahr sind wir „runderneuert" und selbst die DNA als genetische Grundlage ist alle sechs Wochen „neu". Die Frage ist, wie kann das sein? Die Erklärung dafür lautet heute, dass ein nicht-lokales Bewusstseinsfeld die Regie führt. In diesem Quantenfeld sind alle Informationen enthalten und es stellt sich die Frage, warum der Körper immer wieder seine Krankheiten reproduziert.
Anscheinend müssen die Informationen im übergeordneten Feld neu informiert werden, damit eine Heilung des Körpers stattfinden kann. Hinter dem Quantenbewusstseinsfeld ist das reine Bewusstsein; es ist transzendent und immanent.
Dazu mehr in den beiden hervorragenden Büchern von Klaus-Dieter Platsch „Was heilt" und von Pim van Lommel „Endloses Bewusstsein".
Wir kehren zurück zu unserer PC-Analogie. Die grundlegende Arglosigkeit des Piloten basiert auf der Tatsache, dass er nicht automatisch in der Lage ist, zwischen Wahrheit und Unwahrheit zu unterscheiden. Der Auto-Pilot ist den ankommenden Informationen ausgeliefert, er hat kein effektives Anti-Virus-Abwehr-System. Er ist oftmals total ver-virt (von Viren befallen). Der Pilot hat keinen Verteidigungsmechanismus gegen das Abspielen irgendeines Software-Programms, es geschieht ohne seine vorherige Zustimmung, Unterscheidung oder Auswahl durch seinen bewussten Willen. Er ist der Programmierbarkeit und Konditionierbarkeit seines Auto-Piloten-Ich, seiner ROM-Software, weitgehend ausgeliefert; besonders war er es in seiner

Kindheit, wenn die Grundlagen dieser Software geschrieben werden. Es entsteht eine Art ROM-Programm.

Es sei denn, er durchbricht diesen Automatismus und wird aktiv: Er macht sich bewusst: Ich bin der Pilot! Ich erkenne, welche Programme der Auto-Pilot abspult. Ich entscheide mich jetzt, den Autopiloten auszuschalten und den Steuerknüppel in die Hand zu nehmen. Das verlangt Mut und die Bereitschaft, nach innen zu schauen. Damit beginnt der Autopilot, das ROM-Programm aufzulösen und ein neues RAM-Programm zu schreiben.

Das ist der vierte Schritt zur Lösung!

Im Nazi-Deutschland war es beispielsweise möglich, dem „Volk der Dichter und Denker" mittels Software-Propaganda zu suggerieren, dass alle Juden bösartig und zu vernichten seien.
Oder zur Zeit der Bush-Administration war es möglich, vielen Amerikanern die Rechtfertigung für den Irak-Krieg einzutrichtern.

Das Auto-Pilot-Ich ist das individuelle und kollektive Verstandesverarbeitungsmuster, das gemäß seiner Programmierung und Konditionierung einlaufende Informationen verarbeitet; die Vernunft des Pilot-Ich ist zur Reflexion in gewissem Umfang und Ausmaß in der Lage, aber mit Sicherheit nicht wirklich frei, da sie bis zu einem gewissen Grade der Diktatur und Propaganda seines Auto-Pilot-Ich ausgeliefert ist.

> *„Der Mensch kann zwar tun, was er will, aber nicht wollen, was er will."*
> Arthur Schopenhauer

Der Mensch verspürt einen, nämlich seinen freien Willen und ahnt in vielen Fällen nicht einmal, dass das Wollen dazu aus einer anderen Ebene kommt, aus dem reinen Bewusstsein. Mit anderen Worten: Der Mensch will, was er tut, glaubt aber zu tun, was er will. Um zu erkennen, was er wollen will (was er „wirklich" will, d.h., was seinem „wahren Wesen" entspricht) ist der Zugang zu einer weiteren Dimension nötig: Auf der Ebene des Pilot-Ich kann der Mensch zwar eher tun, was er will, aber es gibt eine höhere Dimension einer umfassenderen Freiheit des Wollens. Diese liegt im Bewusstsein, und das ist eine andere Dimension als die der materiellen Hirnarbeit, egal, ob sie vom Pilot- oder Auto-Pilot-Ich verrichtet wird. Sich dieser erweiternden Dimension zu öffnen, ist der fünfte Schritt zur Lösung!

Der Stand der Dinge ist also, dass Sie und ich und alle anderen Homo sapiens sapiens über zwei Hirn-Systeme verfügen: Das Pilot-System ermöglicht gewollte, bewusste Gedanken, das Auto-Pilot-System ist auf automatische Denk-Programme geschaltet. Das Denken ist auf dieser Ebene 1 mehr oder weniger mechanisch und bringt die Idee (informatio), die Information des Denkers, hervor. Sie wissen schon: „Ich denke, also bin ich". Aus der unmanifestierten energetischen Information wird die materielle Information – die Welt der Körper, Dinge und Formen. Das ist die Quintessenz aller vom Pilot-Ich wahrgenommenen und interpretierten Hirnvorgänge. Aus dem Denken geht die In-formation des Denkers hervor. Das heißt: Denken und Denker bedingen sich gegenseitig.

**Sind Sie denktüchtig oder denksüchtig?** Wenn Sie denksüchtig, also vom Auto-Piloten gesteuert sind, dann haben Sie als Pilot vergessen, dass Sie eine Wahl haben. Vielleicht die Qual der Wahl, da es viele Optionen gibt, aber nicht die Wahl der Qual.

Denktüchtig zu sein heißt: Ich bin mir bewusst, eine Wahl zu haben, da ich zumindest den „Hauch einer Ahnung" vom reinen Bewusstsein jenseits der materiellen Denkprozesse habe.

# 3. Mind-Monster in Gedanken-Galaxien

*„Angst essen Seele auf.“* Film von Rainer Werner Fassbinder

*„Die Unfähigkeit, mit den eigenen Gedanken klarzukommen, erweist sich als die Hauptursache für unser Leid.“* Matthieu Ricard

*„Die Zunahme der Weisheit korreliert mit der Abnahme der Gedanken.“* Gabriele Renke

Die Gedankenmaschine rattert, die Stimmen plappern, die Filme laufen, ... und wir versacken im Kinosessel und befriedigen uns mit einer Tüte Popcorn. Solange es angenehme Gedankenfilme sind – fein! Aber auch diese drehen sich meist um die banalen Dinge des Alltags, Spielzeuge unseres kleinkindlich-naiven Verstandes, und auch sie kommen und gehen, ohne dass wir es bewusst steuern können.
„Ich glaub, ich bin im falschen Film!“ – haben Sie das auch schon mal gedacht? „Wieso stehe ich nicht auf und gehe aus dem Kino, wenn der Film mich langweilt?“ (Ja, es geht!)
Wir bleiben aber sitzen, mehr oder weniger gelangweilt, oft ohne dass der Film uns ein Lebensgefühl von Freude und Gelassenheit erlebbar macht, von so etwas wie einem tieferen Frieden, höheren Sinn oder der Erfüllung unserer Visionen ganz zu schweigen. Wir begnügen uns mit Mittelmaß, versuchen, auf dem schmalen Grat der Zufriedenheit zu balancieren. So mögen wir uns bequem in einer Komfort-Zone einrichten und finden uns damit ab, vom Strom unserer Gedanken getragen zu werden, ohne wirklich zu schwimmen, ob mit oder gegen den Strom.

Der eigentliche Punkt ist also: Wie stelle ich es an, bewusst wählen zu können, was ich denke, was ich als meine Wirklichkeit erschaffe? In dem Bewusstsein: Meine Gedanken schaffen meine Wirklichkeit, mein Erleben, meine Gefühle. Ich bin um so mehr selbstbestimmt, fühle mich freier, je bewusster und gezielter ich denke!

So sind die unbewussten, alten Programmierungen folgenden Gedanken oft die schlimmsten Feinde. Das Leid Ihres Lebens ist sozusagen haus-(hirn-)gemacht und Sie als Hirninhaber erkennen Ihre eigene Krankheit nicht.

Sobald es irgendwo im oberen Bauch zwickt, erinnern Sie sich sofort an Ihre Großtante, die an Bauchspeicheldrüsenkrebs gestorben ist. Dass dieser Gedanke in Ihrem Hirn einfach so auftaucht und Sie denken, Sie hätten ihn gedacht, das ist pathologisch. Unendlich viele destruktive Gedanken überschwemmen Sie, und Sie sind den eigenen Gedanken hilflos ausgeliefert. Welche Sklaverei! Welche Tyrannei! Und das in einem freien Land! Keine Gedankenpolizei ist unterwegs! Keine Gehirnwäsche wird Ihnen angedroht. Es ist, wie es ist. Die Gedankenwellen überrollen Sie unaufhörlich. Ist es „mieses Karma", was Sie da mit sich durch Ihr Leben tragen?

Auf der Flucht vor den eigenen Gedanken-Dämonen.

Untersuchen Sie Ihr Gedankenkarussell und Sie werden feststellen: Es gibt gegen giftige Gedanken durchaus Gegen-Gifte. Mind-Monster durchziehen Ihren Schädel und nisten sich ungemütlich in Ihrem Verstand als ungebetene Gäste ein. Ständig rotieren Sie mit Ihren Gedanken in der Vergangenheit: „Ach, hätte ich doch …vieles, einiges, alles anders gemacht!"
„Meine Eltern, Großeltern, Lehrer sind an allem schuld!"
„Ich bin einfach zur falschen Zeit in die falsche Kultur hineingeboren worden."
In Indien wird die Geschichte vom Monkey-Mind erzählt. Da sind Affen, die wild in den Bäumen hin- und herspringen, von einem Ast zum anderen, rastlos wie unsere Gedanken zwischen den Dendriten und Axonen unseres Hirns. Und da sind Affen, die greifen in eine Flasche mit Nüssen und können ihre Pfoten/Hände nur wieder aus dem Flaschenhals ziehen, wenn sie die Nüsse loslassen. Greifen nach Sachen, die sie nicht behalten können, und lassen nicht los um den Preis ihres Gefangenseins. So wie die Affen gehen wir anscheinend lieber in unseren toxischen Gedankenwellen unter, als dass wir uns an das sichere Land retten oder mit den Wellen surfen. Die meisten Gedanken sind Gedanken-Gefühle, also eine Mixtur aus Kognition und Emotion. Denken Sie an das unliebsame Ende einer „Liebesbeziehung". Wie und wo fühlt sich das an?
Jetzt denken Sie bitte: „Obst ist der Oberbegriff für Äpfel und Birnen." Wie und wo fühlt sich das an? Na, wie hat Ihr Bauch reagiert?
Emotionen (lat. emovere = sich herausbewegen) bringen Gedanken in Bewegung, und umgekehrt. Zwischen Gedanken und Gefühlen zu unterscheiden ist nur theoretisch, nicht aber praktisch möglich.

Schauen wir uns einige Emotionen/Gefühle an:
Wut: Sie sind rot vor Wut! Sie kochen vor Wut! Sie toben vor Wut!
Warum? Sicherlich, weil Ihrem Ego etwas widerfahren ist, was es für ungeheuerlich hält. Eifersucht: Wie das Wort schon sagt: Da liegt eine Sucht vor. Die Sucht, von einem anderen Menschen ausschließlich geliebt zu werden. Und erst die Emotion aller Emotionen: Angst!
Angst, Leid, Schmerz – alles Synonyme für diese Basic-Emotion, die von einem Ich als absolut unerträglich empfunden wird. Sie ist so schwer, so perspektivlos, so quälend, so sinnlos. Angst ist das vom empirischen Verstand er-

lebte Gegenteil von Liebe, nicht Hass. Angst ist die scheinbare Abwesenheit des reinen Bewusstseins. Das ist bzw. war die schlechte Nachricht.

Die gute lautet: Angst kommt nicht aus dem reinen Bewusstsein, im reinen Bewusstsein ist nur unendliches Potenzial.
Gedankenformen steigen  im relativen, im Ich- Bewusstsein als In-**form**a-tion auf.

„Don't worry, be happy!"

Werden Sie zum Dompteur Ihrer Gedanken, zum Affenbändiger. Sie als Gedanken-BändigerIn kommen aus dem Teufelskreis Ihrer destruktiven, negativen Mind-Monster heraus, wenn Sie sie aus der Gedanken-Galaxie in das Reich des reinen Bewusstseins zurückschicken, wo sie ihren Quellcode haben. Das reine Bewusstsein ist die Matrix von allem. Da es nichts als das „Nichts" des reinen Bewusstseins gibt, in dem alles enthalten ist, auch jede Gedankenform, die ein Mensch jemals gedacht hat, denkt und denken wird, gibt es eine Lösung. Diese Lösung liegt im reinen Bewusstsein.

Glück statt „mieses Karma" ist dann die Essenz Ihres Da-Seins. „Karma" heißt lediglich „Handlung" oder „Erfahrung". Mit dem Konzept Karma ist eigentlich nicht der „Transport von Schuld" von einer persönlichen (Re-) Inkarnation in die nächste gemeint. Alles Mind-Monster in unendlichen Gedanken-Galaxien. Alles Hirngespinste.

**Schuld abladen verboten**! Dieses Schild müsste überall aufgestellt werden. Schuld ist nichts weiter als Mind-Schrott. Schuld ist der Irrsinn des Verstandes, um sich und/oder andere Menschen zu verurteilen, zu quälen, abzuwerten, um sein illusionäres Selbstbild aufrechtzuerhalten. Die Ansichten über die Schuldfähigkeit des Menschen werden sich mit den zunehmenden Erkenntnissen der Hirnforschung (Neuro- und Kognitionswissenschaften) deutlich verändern. Letztlich sind wir alle mehr oder weniger schuldunfähig, da wir alle an derselben Geisteskrankheit leiden, nur einige Menschen intensiver und akuter als andere. Nur wenn sich der Geist beruhigt hat, können wir die wahre Natur der Realität erkennen. (

Natürlich haben auch die Ergebnisse der Wissenschaft ihr Verfallsdatum wie der Joghurt im Kühlschrank, aber wenn sie mit den Aussagen der „ewigen Philosophie", der „Philosophia perennis" übereinstimmen, dann bekommen sie ein anderes Gewicht. Es gibt zeitlose Aussagen über die wahre Wirklichkeit, unabhängig von allen „mainstream"-Erkenntnissen. Der „Zeitgeist" spiegelt den Zeitgeist wider und die ewige Wahrheit, die eine, wirkliche Wahrheit, die da lautet: Alles ist Eins. Und diese Einsicht, im Sinne einer zweifelsfreien Erfahrung beschert Glück. Vergnügen ist das Glück des Durchschnittsmenschen, während Glück das Vergnügen des Weisen ist, und was unterscheidet letztlich beide voneinander? Glückseligkeit von weltlichem „Glück" abgrenzen zu können. Der Weise hat sich seine Mind-

Monster in seinen Gedanken-Galaxien angeschaut und sie als Hirngespinste erkannt. Statt Gedanken-Opfer zu sein, können auch Sie zum Gedanken-Täter werden. Werden Sie weise! Doch scheint heute nicht präsent zu sein, was das ist, scheint nicht en vogue zu sein. Weise – was soll das sein?

Hier ein Buchtipp für alle wahrhaftigen Glückssucher: „WEISHEIT. Über das, was uns fehlt" von Gert Scobel. Weisheit ist ein Bewusstseinszustand, in dem eine Person sich ihrer Rolle als Person bewusst wird und eine – zumindest gewisse – Kontrolle über ihren Verstand erlangt, z. B., indem sie in den Beobachter-Zustand wechselt und Liebe und Mitgefühl über alles stellt. Ihr Verstand ist ein praktisches Werkzeug – nicht mehr und nicht weniger. Erst die Haare nass machen, dann Shampoo drauf. Erst den leeren Tank mit Benzin befüllen, dann losfahren. Umgekehrt ist's schwieriger.

Der dicke Gedanken-Vorhang ist dunkel und schwer. Ein leichterer Schleier ist schon transparenter. Und eine totale Transzendenz aller Mind-Monster ist wünschenswert. Ihr Hirn wird durch die Beobachter-Position zu einem

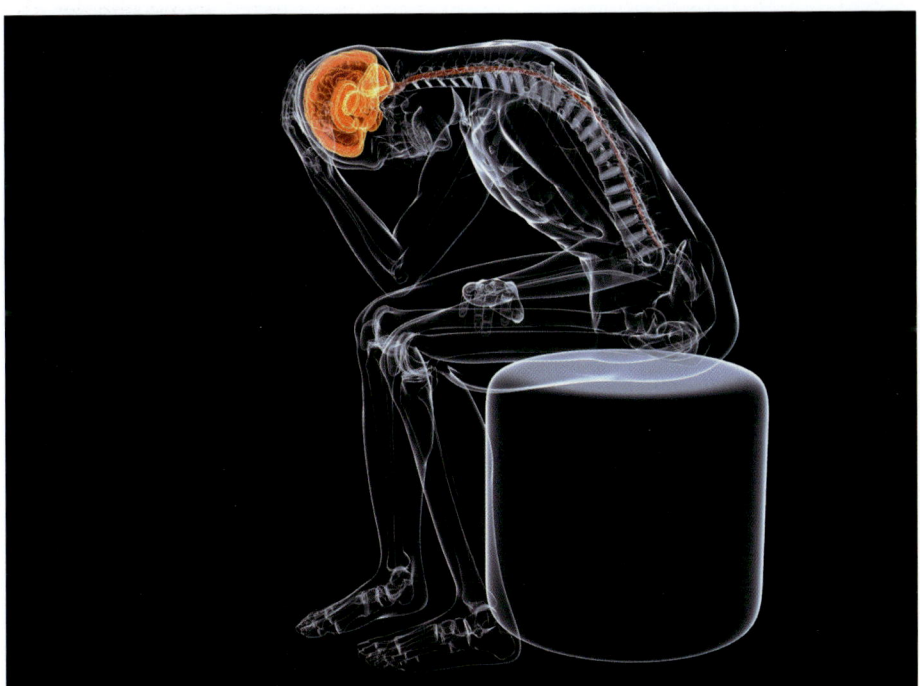

Kopfschmerzen vom Grübeln!

Monitor, zu einem Bildschirm, und Sie sitzen davor und schauen zu, wie sich Gedankenformen konfigurieren. Aus der Gedankenstimme und den Gedankenbildern im Kopf wird erst eine „soap-opera" auf dem Monitor und dann tritt irgendwann Stille ein. Stille statt Stimme! Welche Erlösung von sich selbst, vom Lärm des ewig plappernden Monkey-mind!

Einsicht in die Wirklichkeit der Natur des Geistes, des Verstandes und die Entdeckung des dahinter liegenden reinen Bewusstseins nennt man im Osten auch „Erleuchtung" oder „Erwachen". Erwachen aus dem Wachtraum „Realität". No-mind statt mind!

Erlösen bzw. befreien Sie sich von Ihren Mind-Monstern. Denken wird dann vom unwillkürlich, unfreiwillig, automatisch-reflexhaften Vorgang zu einer bewussten, gewollten Aktion. Der Auto-Pilot wird ausgeschaltet und der Pilot wird Regisseur, Drehbuchautor und Star – und das alles in einer Person. Der Verstand ist der Regierungssprecher und das Bewusstsein inklusive Bewusstheit ist die Regierung. Gedankenformen steigen kontinuierlich im Feld des relativen, des empirischen Bewusstseins auf. Es ist das Schicksal des Menschen, mit diesen Gedankenformen leben zu müssen. Doch die Macht dieser Mind-Monster lässt sich „regulieren". Wir haben diesen Mind-Monstern die Kraft des reinen Bewusstseins entgegenzusetzen, da wir dieses reine Bewusstseins sind.

Ihre Mind-Monster können Sie – medizinisch betrachtet – homöopathisch oder allopathisch behandeln. Bei der allopathischen Methode bekämpfen Sie Ihre Mind-Monster mit Gegen-Gift. „Auge um Auge, Zahn um Zahn", heißt hier die Devise. Der reine Weisheitszahn gegen den entzündeten und vergifteten Schneidezahn.

Der Weisheitszahn ist das beste Gegenmittel gegen bösartige Mind-Monster: Liebevolle Bewusstseinszustände wie LIEBE und Mitgefühl, dagegen ist auf Dauer jedes noch so mächtige Mind-Monster hilflos. Können Sie, ja Sie, einem wirklich liebenden Menschen böse sein? „Liebe und tue, was Du willst", sagte meines Wissens Augustinus (oder war es Ignatius?), da LIEBE und Leid sich ausschließen.

Bei der homöopathischen Methode gehen Sie in die Potenzierung: Sie verdünnen alles. Sie als Ego sind ganz „heavy". Sie glauben an sich. Jedem Gedanken wohnt der Ich-denke-Gedanke inne. Jetzt verdünnen Sie sich auf die homöopathische Potenz D6. Sie werden leichter. Sie leiden nicht mehr so sehr an sich und an Ihren Gedanken. Sie relativieren Ihren Ich-denke-Gedanken. Wie fühlt es sich an, nicht total mit sich identisch zu sein? Nicht nur Ich zu sein – mehr, weiter, umfassender zu sein? Stellen Sie sich vor, auf Ihrem Identitäts-Etikett steht nicht mehr: 100 % ICH, sondern 60 % Ich-Gedanke und 40 % Gedanken an andere Menschen und deren Wohl. Und dann fahren Sie sich langsam hoch auf die Hochpotenz von C 300. Sie lösen sich langsam in „Nichts" auf, und das fühlt sich gut, sehr gut an. Sie werden langsam zu einem Lichtwesen. Ihre Ego-Struktur wird durchlässiger und durchlässiger: vom dichten „Ich" zum lichten „Ich-bin".

Glauben Sie an Engel? Ehrlich gesagt, mir persönlich fällt es schwer. Aber je mehr ich mein Leben nicht persönlich nehme, umso realistischer erscheinen mir Wunder. „Wer nicht an Wunder glaubt, ist kein Realist", heißt es. Und noch sind Sie und ich Realisten. Verdünnen wir uns noch mehr, und wir sind in der Wirklichkeit angelangt.

Aber dazu mehr im Kapitel 6: „You can´t stop the waves but you can learn to surf": Übung – Übung – Übung, denn Übung macht den Meister.

# 4. Nichts ist so unglaubwürdig wie die Realität.

*„Nothing is real."* John Lennon

*„Wunder geschehen nicht im Widerspruch zur Natur, sondern nur im Widerspruch zu dem, was wir über die Natur wissen."* Augustinus

*„Wer nicht an Wunder glaubt, ist kein Realist."* Volksweisheit

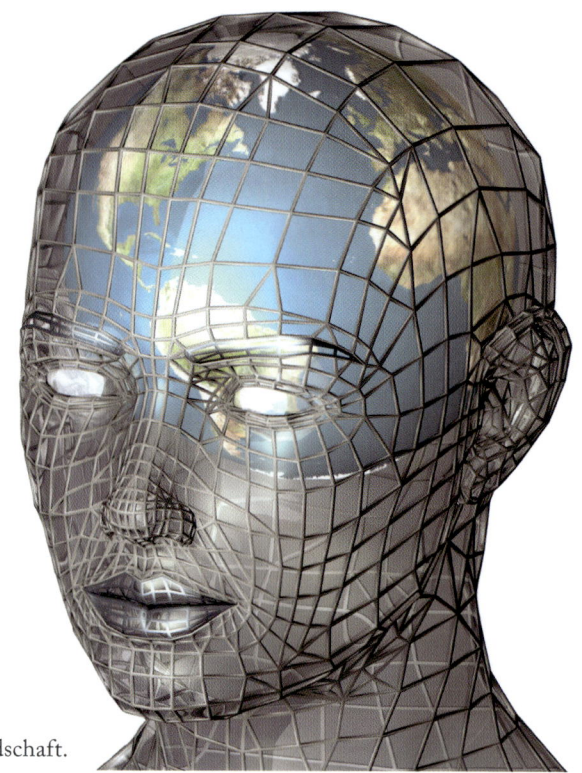

Die Landkarte ist nicht die Landschaft.

52

Sie schauen des Nachts weinselig in den Sternenhimmel. Die Weite des Kosmos ergreift Ihre Seele und Sie fühlen sich so richtig wohl in Ihrer Haut. Da macht Sie ein Freund, der sich mit Astronomie auskennt, auf einen „neuen Stern" aufmerksam. „Diese Nova ist gerade erst entdeckt worden", erklärt er Ihnen. „Sie ist rund 3000 Lichtjahre von unserem blauen Planeten Erde entfernt."

Bei Ihnen im Hirn rattert es. Ihre Gedanken in Ihrem Verstand schlagen Purzelbäume. „Also braucht das Licht dieser Nova ca. 3000 Lichtjahre, bis es die Distanz zu uns zurückgelegt hat?", fragen Sie Ihren Freund etwas unsicher.

„Ja, so ist es."

„Aber wie können wir hier auf der Erde diesen Stern als Stern im Universum wahrnehmen, der dort draußen eigentlich schon 3000 Lichtjahre alt ist? Wieso sehen wir den **Ausbruch** der Nova nach 3000 Lichtjahren als **Lichtpunkt**? Immerhin hat sich das Licht seither 3000 Lichtjahre lang ausgedehnt und ist zu einer riesigen Lichtwolke von astronomischem Ausmaß geworden. Oder?! Schauen wir gerade in die Vergangenheit? Können Photonen überhaupt altern?"

Sie sind sehr überrascht über Ihren eigenen Verstand, und Ihr Freund ist ziemlich irritiert durch Ihre scharfsinnigen Gedanken. Er ist Naturwissenschaftler! Sie denken sich, vielleicht muss ich doch mal einen Philosophen, also einen Geisteswissenschaftler, fragen, wie er sich diese Paradoxie erklären kann, denn Sie erinnern sich an einen Spruch, den Sie vor kurzem irgendwo gelesen haben:

*„Der Philosoph weiß am Anfang viel über alles und am Ende alles über nichts. Der Wissenschaftler weiß am Anfang viel über nichts und am Ende nichts über alles."*

Was heißt denn das? Macht das Sinn? Oder ist es ein Koan, ein für den Verstand unlösbares Rätsel, um ihn zur Ruhe zu bringen? „Eigentlich ist diese Unterteilung in Mensch und Natur merkwürdig", denkt gerade Ihr Verstand und Ihre Vernunft fügt hinzu: „Ja, denn der Mensch ist auch Natur und die von ihm erdachten, errechneten und *bewiesenen* „Natur"-Gesetze sind letztlich menschliche Verstandesgesetze." Sie sind stolz auf Ihren Verstand und

Ihre Vernunft: „Was ich so alles denken kann!" Und Ihr Oberstübchen denkt laut weiter: „Wenn der Physiker sagt, dass Licht, von dem neuen Stern **dort** im Kosmos reflektiert, **hier** auf dem blauen Planeten auf unsere Augen trifft, dann ist also Licht von A nach B „transportiert" worden. Wenn es uns hier trifft, ist es dann nicht mehr dort, wo es herkam?". „Du kannst Fragen stellen", sagt Ihr Freund unfreundlich und Sie sind mächtig stolz auf sich. „Also", sagen Sie sehr gelassen, da Sie sich Ihrer Verstandeskraft gewiss sind, „also physiologisch ist es doch so, dass hier auf unserer Netzhaut eine physikalische Erregung stattfindet, die im Hirn weiter verarbeitet wird. In diesem Fall sehen wir hier etwas, was **dort** schon lange vorbei ist. Es handelt sich also um eine gewisse Paradoxie, wenn wir **hier** in unseren Hirnen etwas an einem Ort **dort** sehen."

„Ja", sagt Ihr Freund und schwächelt sichtlich zu Ihrem großen Mind-Game-Vergnügen. „Wenn du so willst, handelt es sich um eine Paradoxie oder sogar um eine Aporie."

„Eine was?" Da ist es wieder, Ihr bohrendes Gefühl: Wie gut kann ich denken? Was weiß ich eigentlich? Das mit dem Hier und Dort ist schwierig. Ganz sicher weiß ich aber, dass es „Farben" nicht wirklich gibt. Wenn wir Farben sehen, rechnet unser netter Verstand elektromagnetische Wellenlängen freundlicherweise in Buntes um, aber wenn ich ein grünes Blatt sehe, verselbständigt mein Verstand sich wieder, und da es eigentlich *grün* nicht gibt, hat das Blatt keine *Farbe,* oder wieso glaube ich, dass es überhaupt ein *Blatt* gibt? Dort, wo es kein Grün gibt? … Was aber um Himmelswillen ist eine Aporie? Wie zu erwarten war, beantwortet Ihr Freund Ihre innerlich gestellte Frage. „Eine Aporie ist die Unmöglichkeit, eine Frage zu lösen." Aha! Wusste ich's doch – nur anders: Eine Aporie ist wie ein Koan. „O.K.!", denkt Ihr Verstand, „nur gut, dass es diese Aporien gibt, sonst wäre es ja wirklich nicht mehr spannend auf diesem Planeten", und Ihre Vernunft flüstert Ihnen zu: „Beende diesen Dialog, sonst ist die Freundschaft im Eimer." Gedacht, getan. Aber es lässt Ihnen keine Ruhe. Wie ist das mit der Wahr-Nehmung der Realität? Was ist Realität überhaupt? Wie genau funktioniert Perzeption? Perzeption klingt jedenfalls neutraler als Wahr-Nehmung. Vielleicht ist es besser, sich diesem Problem philosophisch zu nähern, da der Problem-Raum bekanntlich nicht der Lösungs-Raum ist. Was wieder eine Frage der Raum-Zeit-Perspektive ist – das nur nebenbei.

Und da haben Sie plötzlich „Heureka!" im Kopf: „Ich hab´s!" *„Selig sind, die arm im Geiste, denn Ihrer ist das Himmelreich"*, steht doch in der Bibel. „Vielleicht sollte ich das Denken ganz lassen", denken Sie gerade, als Ihnen wieder der Spruch von Carl Friedrich von Weizsäcker einfach so durchs Hirn saust: *„Man kann die Bibel entweder ernst nehmen oder wörtlich"*, und jetzt ist Ihr Verstand schon wieder ganz durcheinander. „Soll ich jetzt mit dem Denken aufhören? Shit, Bullshit! Selbst, wenn ich es wollte, das Denken geht immer weiter. Und da die Wahr-Nehmung eine Denkabteilung ist, geht es auch mit der Wahr-Nehmung immer weiter. Es ist wie verhext!"

Da fällt Ihnen ein, dass die moderne Physik, die Quantenphysik, der Sie nicht nur Ihren PC, Ihr Handy, Ihren Navigator, Ihren i-Pod zu verdanken haben, auch viel zu Ihrem Problem mit der Wahrheit der Wahr-Nehmung zu sagen hat. Komisch, eigentlich haben Sie sich noch nie damit richtig beschäftigt, aber plötzlich ist es da, das Wissen.

Wissen ist gut – aber Weisheit ist besser. „Wer nicht an Wunder glaubt, ist kein Realist", denken Sie sich gerade und glauben an das Wunderwerk in Ihrem Kopf und darüber hinaus.


„Ich sollte mich mit der Quantenphysik beschäftigen", denken Sie jetzt. „Die soll ja wissenschaftlich gesehen der Weisheit letzter Schluss sein. Quantenphysik? Kein Problem für mich. Das war doch die Sache mit dem Welle-Teilchen-Dualismus. Licht kommt nämlich gar nicht entweder als Teilchen oder als Welle daher, sondern kann sich einerseits als Welle verhalten, muss gleichzeitig aber auch aus Teilchen bestehen. Teilchen können also gleichzeitig verschiedene Zustände annehmen. Die Teilchenwelle ist keine reale Welle im Raum, sondern eine äußerst komplizierte Form von Schwingungen in einem mathematischen Raum, der nicht real existiert."

Es ist so, als läsen Sie aus einem Buch, aber dieses Buch ist real gar nicht vorhanden. Sie konstatieren daraus, dass Sie sich in der Quantenwelt befinden, in dem nicht-lokalen Bewusstseinsfeld, in dem alle Informationen gespeichert sind.

*„Soweit sich die Gesetze der Mathematik auf die Wirklichkeit beziehen, sind sie nicht gewiss, und soweit sie gewiss sind, beziehen sie sich nicht auf die Wirklichkeit",*

hören Sie Albert Einsteins Stimme aus dem „Off". „Dann kann man also die ganze Physik mit ihrer Rechnerei vergessen, wenn es um die wirkliche Wirklichkeit und nicht um die von uns Menschen wahrgenommene Realität geht?", fragen Sie Albert E. „So ist es! Aber das bleibt unter uns", antwortet Albert vergnügt. „Darauf können Sie sich verlassen, Herr Einstein." „Soll ich dann trotzdem den eintreffenden Informationen über die Quantenphysik weiter lauschen?", fragen Sie Albert. E. „Gewiss doch. Sie ist zwar nicht der Weisheit letzter Schluss, hat aber 'ne Menge zu bieten." „O. k.", sagen Sie sich und öffnen sich wieder für die In-**form**ationen aus der Quantenwelt durch die „persona" Albert Einstein.

„Teilchen im Mikrokosmos sind wahre Tausendsassas. Man kann nie mit Sicherheit sagen, wo genau sie sich gerade befinden. Dazu haben sie diese Doppelnatur von Welle und Teilchen. Noch dazu sind sie alle miteinander verschränkt – haben sozusagen keine eigene Identität und wissen alles übereinander. Am interessantesten ist aber die Frage: Wie entsteht Realität? Die Quantenphysik sagt: Durch Beobachtung bzw. Messung. In unserem Gehirn wählt eine Intelligenz auf der Ebene der Atome und Elementarteilchen, wie das Hirn arbeitet. Wir als Hirnbesitzer haben davon keine Ahnung. Diese Wahl bereitet die Basis für das, was wir als Realität wahr-nehmen. Wir denken vielleicht, die Welt sei da, sie sei präexistent, dass sie also auch ohne uns so da sei, wie sie uns erscheint, und können uns nicht vorstellen, dass sie in jedem Augenblick hervorgebracht wird. Die Quantenphysik sagt: 'Die Welt und wir sind eins.' Nicht eine 'objektive' Realität ist da 'draußen' vorhanden, sondern durch die Rückkopplung von Denken und Denker werden Denker inklusive Verstand und die Welt-da-draußen erschaffen. Eine mögliche Form von Realität wird damit durch unseren Verstand erzeugt, und zwar durch den Zusammenbruch der Wellenfunktion und durch unsere Wahrnehmung." Albert zieht gemütlich an seiner Pfeife, da ihm im „Bewusstseinshimmel" alle weltlich-ärztlichen Ratschläge piepegal sind:
„Mein Kollege Werner Heisenberg sagte einmal sinngemäß zu mir, die Quantenwelt liege zwischen der Wirklichkeit und der Realität. Die Wirklichkeit, das reine Bewusstsein, bringt durch Ideen = Vorstellungen, also durch 'informatio', die Welt der Realität hervor. Ich sehe, Sie sind stark beeindruckt. Schließlich beinhaltet das, dass wir an der Schöpfung, an der Erschaffung von

Realität beteiligt sind. Eine der wichtigsten Aussagen der Quantenphysik ist, dass separate Teilchen über eine Distanz hinweg augenblicklich, also instantan aufeinander einwirken können, da eine Verschränkung auch über große Entfernung möglich ist. Man nennt das Nicht-Lokalität.

Raum und Zeit gibt es hier nicht, die werden erst in der von unserem Verstand kreierten Realität interessant. Hier steckt die verborgene Wirklichkeit, die üblicherweise Gott genannt wird, diese unermessliche Intelligenz, die wir sind. Deshalb habe ich einmal gesagt: 'Gott würfelt nicht.'.“

Sie sind wirklich schwer beeindruckt von Albert und der Quantentheorie. Interessanterweise fallen Ihnen sofort einige Sätze aus der Bibel ein: „*Im Anfang war das Wort,*“ „*und das Wort ist Fleisch geworden.*“ Wenn ich das ernst und nicht wörtlich nehme, könnte man auch sagen: „Am Anfang war die Information, die Idee, und aus ihr wurde die Materie“, denken Sie gerade so vor sich hin.

„Und heißt es nicht auch: '*Gott schuf den Menschen nach seinem Ebenbild*' – oder hieß es Ab-Bild? Ist auch egal, denn schließlich hat Jesus nichts Schriftliches hinterlassen und sprach aramäisch. Wer will da noch wirklich wissen, was Jesus wirklich gesagt und gemeint hat!“

Und dann taucht der Gedanke auf: „*Wisset Ihr nicht, dass Ihr Götter seid?*“ „Ja, wir alle sind göttlich, aber nicht die Personifizierung von Gott“, entgegnet vielleicht ein anderer Teil Ihres Verstandes.

Interessiert lauschen Sie der Stimme in Ihrem Kopf. Wie gut, dass Sie nur denken! Stellen Sie sich vor, Sie würden voller Freude durch die Straßen gehen und rufen: „Ich bin Gott. Wir alle sind Götter!“ Nicht auszudenken, was dann passieren würde.

„Ist schon gut so mit dem lautlosen Denken“, denken Sie sich. „Ich möchte keinen Ärger bekommen! Aber was ist mit diesen armen Menschen, die krank sind und ihre Gedanken immer herausschreien müssen?“

Ihnen wird leicht übel bei der Vorstellung, diese Krankheit könnte Sie persönlich plötzlich ereilen. „Wie heißt sie nur, diese sonderbare Krankheit?“, überlegen Sie. „Ich muss googlen“, hören Sie die Stimme in Ihrem Kopf sagen. Gedacht, getan. „Tourette-Syndrom“. Bei Wikipedia werden Sie fündig. Bei dieser nach dem französischen Arzt Gilles de la Tourette benannten Krankheit stoßen die erkrankten Menschen verbale, ungewollte Äußerungen

aus, die von unwillkürlichen Bewegungen begleitet werden. Diese Menschen sprechen aus, was sie denken. „Welche unvorstellbare Qual", denken Sie sich heimlich still und leise. /

Und da sind Sie plötzlich wieder an Ihrem Gedanken-Abfahrt-Bahnhof angekommen. Sie wussten plötzlich so einiges über die Quantenphysik und kamen dann von Hölzchen auf Stöckchen.

Quantenphysikalisch gesehen ist es also kein Wunder, dass Sie plötzlich (denn „plötzlich" zeigt deutlich, wie vage die Wahr-Nehmung von Zeit ist) etwas gewusst haben, das Sie eigentlich gar nicht wissen konnten.

Es ist so eine Einsicht „a priori", also vor der Aufnahme von Wissen durch Lesen, Hören, Sehen etc., also durch Perzeption. Durch Inspiration – eine Eingebung des Geistes? Wes Geistes? „Es geht in Richtung Weisheit", denken Sie sich. „Ich muss wirklich das nicht-lokale Bewusstseinsfeld angezapft haben", sagen Sie sich zu Ihrer eigenen Beruhigung.

Es gibt also weder Raum noch Zeit; alles Einbildung. Und Einbildung ist auch eine Bildung, so viel steht ab sofort fest. Wenn es weder Raum noch Zeit wirklich gibt und alles im nicht-lokalen Bewusstsein geschieht, lösen sich alle Probleme wie von selbst im Lösungs-Raum, dem Bewusstsein, auf. Der gravierende Irrtum, so viel wird Ihrem entmachteten Verstand inklusive Vernunft klar, ist die Vorstellung von Raum & Zeit und die damit verbundene Vorstellung von Materie als fester Masse. Alles nur Vorstellungen! Alles nur Kreationen Ihres Verstandes. „Na ja, er kann es aber mit jedem Haute-Couture-Designer aufnehmen", hören Sie sich denken.

Wenn Sie diesen Raum-Zeit-Code knacken, gibt es keine Paradoxien und keine – wie heißen die nicht lösbaren Fragen doch gleich? – mehr. Alles ist rein und klar, der Verstand und die Vernunft werden arbeitslos. (Ach ja: Koans, Aporien!)

Jede Wahr-Nehmung findet im Kopf statt und dieser Kopf ist auch eine Wahr-Nehmung, eine Wahr-Nehmung im reinen Bewusstsein. Nur weil wir ganz selbstverständlich davon ausgehen, dass wir die Explosion der Nova tief draußen, dort im Kosmos, in 3000 Lichtjahren Entfernung vor unseren

Augen sehen, können wir darüber verwundert sein, dass wir hier einen Lichtpunkt sehen, obwohl es sich nach menschlicher Verstandesdenke längst um eine riesige Lichtwolke handelt.

„Eigentlich ist alles nichtlokal. Eigentlich spielt sich alles in meinem Kopf ab", denken Sie sich und emanzipieren sich gerade mächtig von Ihrem Verstand, der nach wie vor da ist und an sich glaubt. Zwei Seelen spüren Sie in Ihrer Brust und Ihnen fällt der Bibelspruch *In der Welt sein, aber nicht von der Welt sein"* spontan ein. Ihr Verstand-Ich sagt trotzig: „Es gibt die Welt-da-draußen. Jedenfalls Etwas und nicht Nichts!?"

Ihr großes ICH mit dem direkten heißen Draht zum reinen Bewusstsein sagt: „Ja, aber nur als Information, als Vorstellung! Als Potenzial!" Nichts ist so unglaubwürdig wie die Wirklichkeit. Gottlob lesen Sie gerade rechtzeitig einen Satz von Erich Fromm, der Ihnen weiterhilft:

*„Das Wahrgenommene ist nicht das Wesen der Dinge, es spiegelt das Wissen des wahrnehmenden Geistes wider. "*

„Mein Verstand kann das Geheimnis also nicht lüften, wie es kommt, dass wir Menschen das, was sich in abstrakten, neuronalen Aktivitäten in unseren Hirnen abspielt, als vor uns in der Außenwelt gelegene Dinge und Ereignisse anschaulich zu sehen meinen und für real halten. Was „Verstände" alles so errechnen können, ist schon sensationell. „Warum produziert unser Verstand das Wort 'Realität' für etwas, was alles andere als real ist?", fragen Sie sich gerade und suchen in einem Lexikon nach Hilfe.

Der Begriff „Realität" kommt aus dem Lateinischen und hat zwei Wurzeln: res = das Ding und reri = glauben, meinen", heißt es da in einem schlauen Buch. Da haben wir es: Wir halten ein Ding für real, weil wir daran glauben, dass es außerhalb von uns und unabhängig von irgendeinem konstruierenden Verstand existiert? Oder nein: Wir glauben an ein Ding, weil wir es für real halten? Wie dem auch sei: Jedenfalls wird es langsam so klar wie der endlose blaue Himmel, nachdem der Morgendunst sich aufgelöst hat: Realität hat was mit menschlicher Wahr-Nehmung zu tun!

Der Verstand entpuppt sich als Magier: Er zaubert **Ma**terie aus Ener**gie**. Das ist wahre Materie=EnerGie. **MAGIE**. Ma-Gie pur. MAGIE – welch ein herrliches Wort! Dass Energie und Masse (Materie) äquivalent sind, wissen wir seit der Gleichung aller Gleichungen: $E = mc^2$. Was für ein Phänomen, der Herr Einstein.

> *„Materie an sich gibt es nicht. Es gibt nur den belebenden, unsterblichen Geist als Urgrund der Materie",*

hören Sie Max Planck sagen, und Albert Einstein fügt hinzu: *„Wir können daher Materie als den Bereich des Raumes betrachten, in dem das Feld extrem dicht ist – in der neuen Physik ist kein Platz für beides, Feld und Materie, denn das Feld ist die einzige Realität."*
„Es gibt für die Welt keinen anderen Ort als die Seele", hören Sie aus dem „Off".
„Mit wem spreche ich?", fragen Sie neugierig.
„Mein Name ist Platon", hören Sie die Stimme sagen, „und was die moderne Physik weiß, das wusste ich 300 Jahre vor Christus auch schon. Aber das spielt letztlich keine Rolle, da es Zeit ja gar nicht wirklich als absolute physikalische Größe gibt."
„Wie Recht Sie haben, Herr Platon. Sie als Philosoph haben einfach nur so nachgedacht und sind auf all diese Dinge gekommen?"
„Ich habe das reine Bewusstsein angezapft, sonst wäre ich auch nicht drauf gekommen."
„Das beruhigt mich sehr, Herr Platon. Würden Sie die Liebenswürdigkeit haben und noch etwas im zeitlosen Raum hier mit mir verweilen? Ich habe da noch viele Fragen."
„Also, wie ich mitbekommen habe, plagen Sie erkenntnistheoretische Probleme. Da bin ich gerade der richtige Ansprechpartner. Ich philosophiere leidenschaftlich gerne so vor mich hin und bin immer ganz verzückt, wenn ich einen Zuhörer habe. Ich höre mich so gerne selber reden. Ich lege also gleich mal los, wenn es recht ist.
Die Lehrbücher über die Wahrnehmung des Menschen gehen in der Regel rein materialistisch vor, sie glauben einfach Punktum an die Realität und erforschen nur, wie der Mensch und seine Sinne funktionieren. Es geht hier nach dem Input-Output-Prinzip.
Das zentrale Problem der Wahr-Nehmung liegt aber tiefer: Es braucht ei-

nen Wahr-Nehmer, einen „inneren" Menschen, der die ganzen Dinge wahrnimmt. Die sinnlichen Qualitäten, die der Mensch wahrnimmt, treten im Hirn nie als solche auf. Keine Pyramiden passen in den Kopf und kein Sternenhimmel.

Die Frage ist also: Wie wabern Worte durch die Luft und passen Pyramiden in unsere Köpfe?

Pyramiden sind riesige architektonische Wunderwerke. Wie passen diese riesigen 'Dinger' in unsere kleinen Gehirne? Und wie schaffen die Laute, die aus unseren Münden kommen, 'per Luftpost' den Weg in die Köpfe unserer Kommunikationspartner?

Die Antworten sind – scheinbar – physikalisch-physiologisch ziemlich einfach: Laut Lehrbuch funktioniert z. B. das Hören folgendermaßen: Eine Schallwelle trifft auf das Trommelfell, wird dann über das Mittelohr in die Schnecke geleitet, erzeugt dort auf der Grundmembran eine Schwingung, durch die die Haarzellen des Corti-Organs bewegt werden, es entstehen elektrische Spannungen, die als Signale auf die Gehörnerven wirken und als verschlüsselte Impulse an das Gehirn geleitet werden – soweit reine Perzeption – und dann passiert im Hirn der Apperzeptions-, der Erkenntnisprozess: Aus Schallwellen werden Worte, Sätze, Informationen, Bedeutungen, Meinungen, 'Wahrheiten'. So weit – so gut. Ähnliches passiert bei der visuellen Wahr-Nehmung. Unsere Sehorgane für die Welt da draußen sind die Augen; über die Sehnerven und die Sehbahn mit ihren Verschaltungen erreichen die auf das Auge fallenden elektromagnetischen Wellen das Sehzentrum im Hinterhauptlappen unserer Großhirnrinde. Dieses ist eine materielle, eine mechanistische Art der Erklärung, die eine Widerspiegelung des menschlichen Verstandes ist. Aber auch hier muss aus den Wellen ein Bild 'gezaubert' werden. Wer tut das? Und wie? *Du bist das Gedachte und der Denker zugleich'*, heißt es in den Upanishaden.

Es ist ganz typisch, dass Lehrbücher die grundlegenden Unterschiede zwischen Perzeption und Apperzeption einfach verwischen. Sie erwecken den Eindruck, Beschreibungen der Strukturen und der physikalisch-chemischen Prozesse, also Anatomie und Physiologie genügten, um die 'Wiedergabe' der Realität da draußen in der Welt erklären zu können. Als wenn die Welt einfach so in unsere Hirne hereinspazieren würde!!!

Die physiologischen Untersuchungen berühren das zentrale Problem der Wahrnehmung nicht. Egal, wie tief wir in die Geschehnisse z. B. der visuellen Wahrnehmung eindringen, am Ende müssen wir einen 'inneren Menschen' fordern, der das Gesehene in etwas Wahrgenommenes, etwas Erlebtes umwandelt. Die sinnlichen Qualitäten, die ein Mensch durch seinen Verstand wahrnimmt, treten im Gehirn nie als solche auf. Das Gehirn ist in völliges 'Schweigen' eingehüllt, selbst wenn der betreffende Mensch das ohrenbetäubende Pfeifen eines Düsenantriebs vernimmt. In ähnlicher Weise ist das vom Schädel umgebene Gehirn völlig in Dunkelheit gehüllt, selbst wenn der Mensch im grellsten Sonnenlicht steht. Unser Gehirn wird auch nicht kälter, wenn wir Schnee anfassen, und auch nicht härter, wenn wir Eisen berühren.

Das Gehirn ist chemisch und physikalisch von den Gerüchen, Geräuschen, Temperaturen, Farben, vom Geschmack und von der Beschaffenheit der Dinge, die 'außerhalb' des Schädels 'existieren', völlig 'isoliert'. Nicht ein einziges Zuckermolekül der Praline in unserem Mund gelangt von den Geschmackspapillen in die Hirnrinde – und dennoch nehmen wir die Süßigkeit des Zuckers deutlich wahr. Das Gehirngewebe selbst nimmt nichts von der Säure einer Zitrone, die wir kosten, und nichts vom scharfen Geruch eines Stinktieres auf. Untersuchungen zur Struktur ergründen das Geheimnis der Wahr-Nehmungs-Empfindungen nicht, sondern vertiefen es. Mit Ausnahme von Nervenimpulsen geht nichts von den Sinnesorganen in das Gehirn über. Wenn wir uns auf das Format einer Nervenzelle verkleinern könnten, was würden wir dann im Gehirn sehen? Ein Fremdenführer würde uns dann auf die verwickelten chemischen Vorgänge an den Synapsen aufmerksam machen. Sie ermöglichen die Übertragung eines Nervenimpulses von einem Neuron auf das andere. Wir könnten den Transport von Elektronen, Wechselwirkungen zwischen Ionen und die hektische chemische Aktivität von Enzymen in jeder Zelle sehen.
Doch nirgendwo könnten wir den Burgunderwein sehen oder schmecken, den der Besitzer des Gehirns gerade trinkt, selbst wenn uns der Fremdenführer auf eine bestimmte Reihe elektrischer Impulse hinwiese, die mit diesen Empfindungen in Zusammenhang stehen. Auf jeder Ebene begegnen wir nur den physikalischen Korrelaten von Empfindungen und Emotionen und Denk- und Wahr-Nehmungs-Prozessen, niemals den Erfahrungen selbst.

Bewusste Empfindungen unterscheiden sich in ihrer Art sehr von allen anderen Vorgängen im Neuronennetzwerk; dennoch stellen die Ereignisse im Neuronennetzwerk eine notwendige Vorbedingung für die Empfindung dar. Der Gesamtprozess der Wahr-Nehmung lässt sich weder auf materielle Prozesse reduzieren, noch geht er aus ihnen im Sinne einer Emergenz hervor. Aber auch den Apperzeptionisten hat noch niemand im Hirn lokalisieren können. Es ist niemand zu Hause im Oberstübchen. Die elektrischen und chemischen Aktivitäten des Gehirns stellen nicht selbst Wahrnehmungen dar, sie machen sie höchstens möglich.

Stellen wir uns einmal ein riesiges Getreide-Feld vor, in dem Millionen einzelner Ähren von machtvollen, ständig wechselnden Winden hin-und hergeblasen werden. Das Gehirn ähnelt in gewisser Hinsicht diesem Getreide-Feld. Die einzelnen Ähren entsprechen den Neuronen. Die Energiemuster, die wir durch das Feld strömen sehen, entsprechen unseren Gedanken und Wahr-Nehmungen. Die unberechenbaren Winde, die diese Gedanken und Wahr-Nehmungen verursachen, die Energie, die ständig in das Gehirn hinein und in seinem Innern fließt und wieder 'austritt' – das alles ist 'lokal' gedacht, aber die Quantenwelt ist nicht-lokal und die Vorstellungen von 'innen und außen' führen sich selber ad absurdum. Aber das ist starker Tobak, da diese Erkenntnisse unseren Erfahrungen widersprechen. Diese Energie ist bei einer visuellen Wahr-Nehmung elektromagnetischer Natur und erzeugt Muster; diese Muster sind unsere Bilder von der Realität. Ebenso wenig wie die Landkarte die Landschaft ist, ist unser Eindruck eine Abbildung einer unabhängig von uns existierenden, präexistenten Realität. Die Physiker erzählen uns, dass Licht, von der Straßenkreuzung dort reflektiert, das Auge hier getroffen hat. Licht ist von einem Ort A zu einem Ort B transportiert worden, es ist gewandert, so wie wir selbst die sichtbare Distanz durchwandern können. Wenn es uns hier in B trifft, ist es nicht mehr dort in A, von wo es kam. So glaubt zumindest der naive Realist. A und B scheinen dem naiven Realisten räumlich und zeitlich getrennt zu sein.

Die Quantenphysik hat uns eines Besseren belehrt und mich rehabilitiert. Die Welt ist nicht-lokal und nicht-zeitlich. Das habe ich schon Jahrhunderte vor der Geburt eurer Zeitrechnung verkündet.

Der Physiologe bemüht sich nach wie vor darum, die optische Erregung im Auge hier nach dort zurückzulegen, da er zwingend an Raum und damit an Distanz glaubt. Wir sehen also „hier in unserem Hirn" etwas und meinen, es sei dort – in der „Welt da draußen". Welch ein Irrtum! Das ist schlicht und ergreifend nur die Programmierung unserer Hirne. Sie leben doch gerade im Computerzeitalter. Da liegt die Analogie nahe, dass Hirne ihrer Programmierung entsprechend arbeiten, auch wenn Analogien immer etwas schräg sind. Aber es ist nun einmal so: Die Realität ist ein Hirngespinst, gesponnen aus der Hirnmaschine, der Hardware, und den Fäden des Hirnstoffwechsels, der Software."

Sie bedanken sich nach dieser interessanten Plauderstunde ganz herzlich bei Herrn Platon, der plötzlich verschwunden ist, obwohl er eigentlich gar nicht da wa(h)r. Sie denken noch gerade: „Ist Platon sein Vor- oder Nachname?", und da ist er auch schon aus Ihrem Hirn, der gute, alte Grieche.
Als Sie das nächste Mal Ihren astronomischen Freund treffen, sieht dieser deutlich älter aus, jedenfalls ist das Ihre Wahr-Nehmung. Auch seine Bewegungen sind langsamer geworden und Sie erinnern sich in den dicken Büchern über Quantentheorie gelesen zu haben, dass sich Ihr Freund eigentlich gar nicht bewegt. Nichts bewegt sich wirklich. Alles Einbildung. Jede Bewegung ist nur ein Eindruck. Auf der Quantenebene leuchten virtuelle Elementarteilchen *hier* und *dort* auf und verlöschen wieder. Die Illusion der Bewegung zaubert Ihr Hirn ebenso wie bei den 24 Standbildern pro Sekunde, die einen Film zum Laufen bringen. Wir leuchten auf: „on", und verlöschen wieder: „off" – oder besser gesagt „no-on(e)". Wenn Sie Ihren Freund durch den Raum laufen sehen, flackern *hier* und *dort* Elementarteilchen auf, aus denen Ihr Freund besteht. Erst Ihr Verstand konstatiert: „Peter ist deutlich älter geworden und bewegt sich auch langsamer." Das „Zufallsflackern" der Photonen, aus denen wir alle „bestehen", wird von einer übergeordneten Intelligenz gesteuert. Sie, Peter und ich haben keinen Einfluss darauf.

Aber wieso sehen Sie Peter eigentlich älter? Ich weiß, auf älteren Fotos sieht man immer jünger aus als jetzt. Wieso gibt es eine Kontinuität des sich wandelnden Körpers, auch wenn er unterschiedlich alt erscheint, obwohl seine Grundelemente, die Photonen, nicht altern?

Schlaue Bücher berichten, dass unser Körper täglich ca. 50 Milliarden Zellen abbaut und erneuert. Alle 14 Tage sind sämtliche Atome und Moleküle in allen unseren Körperzellen ausgetauscht und in ca. einem Jahr sind wir „runderneuert". Unser Körper wird alle $10^{-23}$ Sekunden ab- und wieder aufgebaut. Wir nehmen ihn aber als Kontinuum wahr. Sie ist schon ein Phänomen, unsere Wahr-Nehmung. Sie ist eben eine Abteilung unseres Verstandes, die aus dem Aufblinken von Photonen eine Person kreiert, die wahrnimmt, nämlich Sie, und eine Person, die wahr-genommen wird, in diesem Falle Ihr Freund Peter. Unser Verstand zaubert aus dem „Nichts" Formen, die wir als kontinuierlich oder verändert, in Bewegung oder in Ruhe wahrnehmen. Auf der Ebene der Quanten leuchten – wie gesagt – nur virtuelle Teilchen auf. Nicht mehr und nicht weniger. /

Unser Verstand ist tatsächlich der größte Magier aller zeitlosen Zeiten. Aus Energie zaubert er Materie, die als „verdichtete" Energie letztlich Energie bleibt. Und Energie kennt keine Grenzen. Daher korrespondiert Ihr Verstand mit dem ihm zugrunde liegenden raum- und zeitlosen Energiefeld, das alle Informationen und damit alles Potenzial zur Realisierung (in) der Realität enthält. Betrachten wir also die von uns wahr-genommene Realität inklusive der eigenen Person als eine Art „Fata Morgana" im Feld des reinen Bewusstseins. Wer an Materie glaubt, ist abergläubisch. Der Aberglaube an den Materialismus ist nur schwer, nein, kaum auszurotten, da wir unseren Sinnen glauben, blind vertrauen. Unser Verstand errechnet Konzepte und Modelle einer Realität, die seiner Struktur und Arbeitsweise entsprechen, anders strukturierte Gehirne bringen andere Realitäten hervor. Das zeigt z. B. die physiologisch-naturwissenschaftliche Erforschung von Psychosen und anderen Störungen, wie sie z. B. Oliver Sacks in seinem Buch „Der Mann, der seine Frau mit dem Hut verwechselte" vorstellt.

Als „Wunder" gelten auch heute noch Phänomene wie Telepathie, Remote viewing ( „Hell"- bzw „Fern-"sehen; wie beim Fernsehen ), Teleportation, Telekinese, Präkognition.
Bei der Telepathie gibt es einen nicht-lokalen Zusammenhang zwischen dem Bewusstsein von mindestens zwei Personen. Sie können ohne materielle Telekommunikationsmittel wie Telefon oder Internet kommunizieren. Beim

„Remote viewing" sehen Menschen konkrete Dinge bzw. Ereignisse an einem entfernten Ort, ebenfalls ohne materielle Telekommunikationsmittel. Bei der Teleportation gelingt der „Transport" materieller Gegenstände durch Bewusstsein bzw. Gedankenkraft. Auch das Beamen wird als Teleportation bezeichnet. „Beam me up, Scotty", hören Sie Ihre Gedankenstimme sagen. Bei der Telekinese wird Materie mit Hilfe des Bewusstseins nicht-lokal beeinflusst. Bei der Prä-Kognition werfen Menschen einen Blick in die Zukunft.

Jeder Placebo-Effekt (aus dem Lateinischen: Es-möge-mir-gefallen-Effekt) ist ein großartiges Beispiel dafür, wie das Denken Wirklichkeit erschafft.
Alle Tele-Phänomene ohne materielle Telekommunikationsmittel sind durch das nichtlokale Bewusstsein zu erklären, z. B. durch die Hypothese eines vereinheitlichenden und/oder morphogenetischen Feldes. Das reine Bewusstsein wohnt allen Formen inne und geht über sie hinaus, es ist immanent und transzendent. Alles keine Wunder, da sie nicht über das hinausgehen, was wir „heute" über die Natur des Seins wissen. Denn die Quantenphysik zeigt uns eine „verschränkte" Quantenwelt, in der alles miteinander „verwoben" ist und alle Realitäten jenseits von Raum und Zeit potenziell „da sind".

Was Sie als Ihre Realität erfahren, wird auf der Quantenebene vorbereitet, aber „jenseits" der Quantenebene „entschieden" und dann von Ihnen durch Ihren Verstand in Ihrer Welt wahr-genommen.
Das reine Bewusstsein, diese unendliche Intelligenz, ist kein Wesen, kein älterer Mann mit Bart im Himmel und keine schwarze Frau ohne Bart in der Hölle, sondern es ist die göttliche Kraft, die auch wir sind. Alle Universen sind Bewusstseinsuniversen. Jeder Mensch ist ein Bewusstseinsuniversum für sich, und mit jedem Menschen stirbt ein Universum. Und da es nur ein Bewusstsein gibt, gibt es auch nur ein Universum. Das Universum entpuppt sich als ein Gedanke „Gottes".
Nun ist aber leider das Wort „Gott" sehr abgegriffen. Gott ist zu einem Konzept verkommen. Viele Menschen meinen, zum einzig richtigen Gott zu beten, und alle Andersgläubigen gelten als ungläubig, verwirrt und müssen eventuell sogar bekehrt werden. Daher erweist sich der Begriff „Gott" oft als störend und Unruhe oder sogar Gewalt stiftend.

„Sein" oder „Bewusstsein" sind neutralere Worte, die aber wie kein Wort dieser Welt das „Absolute" (schon wieder ein Wort!) benennen können. Aber Begriffe wie „Sein" oder das „Absolute" sind weniger belastet und mit weniger Vorstellungen behaftet als „Gott", und das spricht für eine neue Begrifflichkeit.

Sein, was soll das sein? Sein ist alles, was ist, und das impliziert keine Vorstellung von einem Gott, der von seiner Schöpfung getrennt ist. Sein ist das Sein selbst. Es gibt hier keine Dualität von Schöpfung und Schöpfer. Sie und ich sind Schöpfer und Schöpfung gleichzeitig. Das ist Sein. Sein ist dann die erste, die eigentliche Wirklichkeit und Realität ist die hirngemachte zweite Wirklichkeit in der ersten Wirklichkeit. Kein menschliches Wesen kann jemals die Totalität, die Singulariät des Ganzen denken.

Was wir wahr-nehmen, liegt also ebenso an unserem „Betriebssystem" wie unser Glaube, da beide eng miteinander korreliert sind, ja, man könnte sagen, dass Wahr-Nehmung ein großes Stück weit gleich Glaube ist, so wie auch Wissen letztlich eine Art von Glauben ist. Wissen ist sozusagen der

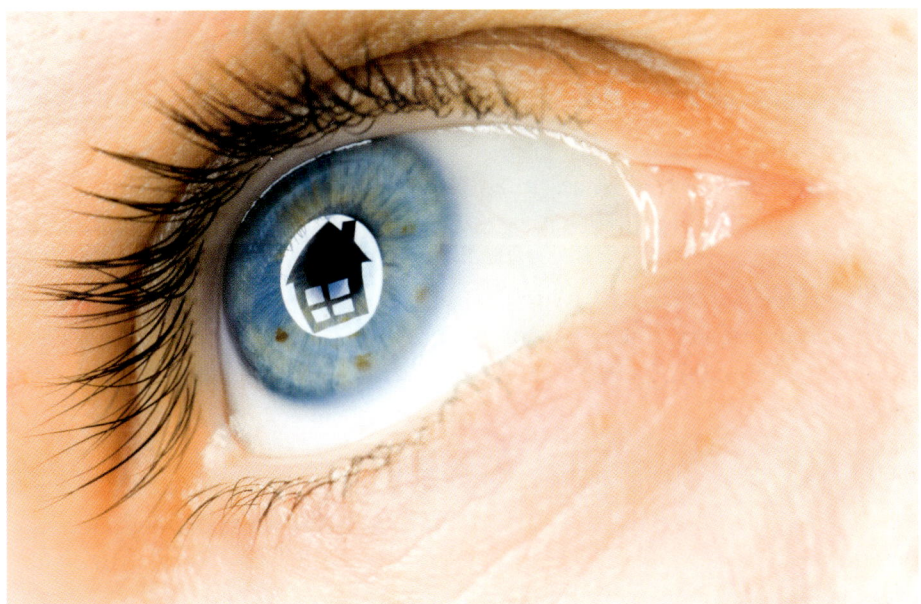

Die Welt konfiguriert sich im Gehirn und erscheint im Auge des Beobachters.

67

vom Verstand durch Wahr-Nehmung bewiesene Glaube. Wissen ist also zumindest fragwürdig, da die Verifikation durch Wahr-Nehmung „schräg" ist. Da beißt sich ganz offensichtlich der Uroboros (Schwanzfresser) selbst in sein Hinterteil. Nur „Normalos" - Durchschnittsmenschen mit Buddhanatur - glauben an „die Realität". Weise Menschen durchschauen diese als „Maya", als Illusion. Wenn Ihr Computer mit der Programmiersprache DOS läuft, wird Ihr Computer keinen Windows-Befehl verstehen, während ein Windows-Rechner auf DOS aufbaut und darüber hinausgeht. Wir verstandesgesteuerten Menschen sind mit der gelben PC-Spielfigur Pacman vergleichbar. Pacman kann nur schwer erkennen, wie begrenzt, mangelhaft und ärmlich seine Möglichkeiten sind. Der Windows-Spieler entlarvt den Pacman aus seinem übergeordneten Programm heraus als zweidimensionale Marionette. So sind auch wir Marionetten unseres Verstandes, unseres weitgehend konditionierten, unbewussten Denkens. Das bewusste Denken ist wiederum ein kleiner Aspekt des noch „höheren" Programms des allumfassenden, reinen Bewusstseins.

Wenn wir unser Betriebssystem „Person XY" (wie war denn noch gleich Ihr Name?) als unser Verstandessystem erkennen, sind wir einen Quantensprung weiter. Ihr Betriebssystem trägt den Stempel Ihrer DNA, und die ist einmalig. Mit Hilfe der DNA-Analyse lassen sich heute Väter und Verbrecher identifizieren. „Du gleichst dem Geist, den Du begreifst", heißt es in Goethes Faust, und das trifft auch für Sie und Ihre Programmierung und Konditionierung zu.

Ja, aber gibt es nicht eine Bewusstseinsebene, die das individuelle Betriebssystem „Ich und mein Verstand" bzw. „Ich denke, also bin ich" transzendieren, überschreiten, kann?

Ja, diese Bewusstseinsebene gibt es. Es ist das reine Bewusstsein ohne DNA-Fingerabdruck. Sie als Mensch sind in der Welt an Ihre DNA-Struktur gebunden. Sie als göttliches Wesen können Ihre Gedanken transzendieren und in den Bereich des reinen Bewusstseins vordringen. Unsere Reise geht weiter. Lassen Sie uns diese andere Dimension gemeinsam entdecken.

Aber ich sage Ihnen gleich: Übung macht den Meister. Auch ein Guru fällt nicht – oder nur selten – vom Himmel. Ohne Schweiß kein Preis. Körper und Verstand leben nun mal im Raum-Zeit-Kontinuum. Lassen wir also unsere Neuronen quietschen, um dann in der Stille zu unserer göttlichen Quelle zu finden.

Denken erzeugt beim Denker und der Denker den Denken den Denken beim Denken das Denken

# Exkurs: Konditionierung und Programmierung als Gehirnwäsche

*„Der eine glaubt an Reinkarnation und Karma, der andere an die jungfräuliche Mutter Maria, der dritte an Vampire. Ich persönlich glaube gar nicht an Engel."* Katharina Brüggebors

*„Die Amerikaner waren gar nicht auf dem Mond und 9/11 ist eine fast perfekte Sprengstoffinszenierung."* Dieter Durcheinander

*„Es gibt Frauen, die sind nicht schön, die sehen nur so aus."* Karl Valentin

Man sollte Äpfel nicht mit Birnen vergleichen und PCs und TVs nicht mit Gehirnen – ich tue es trotzdem schon wieder. Analogien, Metaphern und Gleichnisse bringen nur Annäherungswerte, aber sie bringen auch Anschaulichkeit in die Köpfe. Vergleichen wir also unseren Computer und unseren Fernsehapparat mit unserem Denkapparat. Betrachten wir unser Gehirn wie

TV und PC als Hardware, die Programme als Software, dann wird uns bewusst, dass die Hardware ohne die Software eigentlich nichts zu tun hat; erst die Programme bringen „Leben in die Bude". So wie der Fernsehapparat und der Rechner von sich aus nichts errechnen können, so bringt unser Denkorgan ohne Input auch nur wenig zustande. Wenn Ihr Gehirn-Input aus dem Bewusstsein bekommt, verarbeitet Ihr Hirn dieses einlaufende „Material" materiell entsprechend seiner individuellen DNA, seiner Überzeugungen, seiner Struktur etc. weiter. Jedes Gehirn hat seinen individuellen „Fingerabdruck". Jetzt ist aber ein Gehirn nicht per se so ausgelegt, dass es zwischen Wahrheit und Falschheit, zwischen Suggestion, Manipulation, Propaganda und Weisheit unterscheiden kann. Untersucht man die Struktur des Verstandes, so zeigt sich eine grundlegende Arglosigkeit der Menschen. Er hat keinen angeborenen Verteidigungsmechanismus gegen die Benutzung seiner Hardware zum Abspielen irgendeines Software-Programms, geschweige denn gegen Viren. Der Einfluss der Eltern, der Priester, der Medien etc. ist darauf zurückzuführen, dass sie ihre Konditionierungs- und Programmierungs-Software ohne Einwilligung der Hardware „laden" können; die Möglichkeiten der Ver-wirrungen und Ver-virungen korrelieren daher mit der grenzenlosen Vielfalt der Programme.

*„Denn sie wissen nicht, was sie tun"*, erkannte schon Jesus von Nazareth sehr weise. Menschen tun die unmenschlichsten Dinge. Es menschelt überall, und dieses Menscheln bedeutet, dass Gehirne und ihren Konditionierungen Programmierungen entsprechende Gedanken produzieren.

Glauben Sie nicht alles, was Sie denken!
Halten Sie nicht alles für wahr, was Sie denken.

Sie sind der Konditionierung und Programmierung Ihres Hirns ausgeliefert. Hunderttausende Kambodschaner unterstützten Pol Pot, den Diktator, und seine Roten Khmer bei seiner Idee, einen kommunistisch-primitivistischen Bauernstaat aufzubauen. Intellektuelle – Brillenträger wurden automatisch dafür gehalten – galten als überflüssig und unerwünscht. In rund 4 Jahren wurden vor allem der gebildete Teil der Bevölkerung und Regimekritiker ermordet. Es wird geschätzt, dass unter Pol Pot ca. 2 Millionen Menschen ums

Wissen ist gut – Weisheit ist besser.

Leben kamen. Auch ein Österreicher namens Adolf Hitler konnte zumindest einen Teil des „Volkes der Dichter und Denker" davon überzeugen, dass es legitim sei, Juden auszurotten. Sicherlich denken Sie jetzt automatisch an Namen wie Stalin, Mao und einige von Ihnen sogar an G. W. Bush. Was Ihnen gerade durch den Kopf schießt, kommt aus dem Auto-Piloten-Ich und entgeht dem Filter Ihres Piloten-Ich. Stimmt's oder habe ich Recht? Ich persönlich bin für die Einführung eines Gedanken-TÜV! Mit Piloten-Plakette lebt es sich sicherlich besser. Ganz zu schweigen von einem Bewusstseins-Oskar! Wie kann man Menschen derartig programmieren? Wie kann sich ein Mensch derartig programmieren lassen? Wer ist hier passiv oder wer ist hier aktiv? Wer ist „Täter" und wer ist „Opfer"? Auch an dieser Stelle sei die Marginalie erlaubt, dass jede Reduktion auf Dualität den Kern nicht trifft. „Voll im Recht" fanden sich auch die Richter, die Nelson Mandela von 1962 bis 1990 ins Gefängnis steckten, ebenso wie die Homo sapientes sapientes, die Jesus Christus kreuzigten. Wie funktionieren also Konditionierungen und Programmierungen von Gedanken? Wenn wir die Hardware als Konditio-nierung betrachten, wissen wir heute, dass auch Hardware sich verändern kann. Neuroplastizität ist, wie gesagt, das Mainstream-Schlagwort dafür...

Bei Meditierenden verändert sich das Gehirn in seiner Substanz und Funktionsweise, also anatomisch wie auch physiologisch, ebenso wie bei Depressiven – nur anders.

Konditionierung und Programmierung arbeiten also Hand in Hand. Was *glaubt* der Verstand, was meint der Verstand zu *wissen* und warum, das ist eine höchst interessante Frage. Meinungen sind das Tagesgeschäft des Verstandes. Jedenfalls glaubt der Hirninhaber in der Regel, sich eine *eigene* Meinung gebildet zu haben, die er für richtig erachtet. Wahrheit ist durch Denken nicht zu verifizieren, nicht zu beweisen. Wir sind der Konditionierung und Programmierung unseres *unbeaufsichtigten* Verstandes ausgeliefert. Das ist die schlechte Nachricht. Ein kleiner unpassender Witz am Rande:

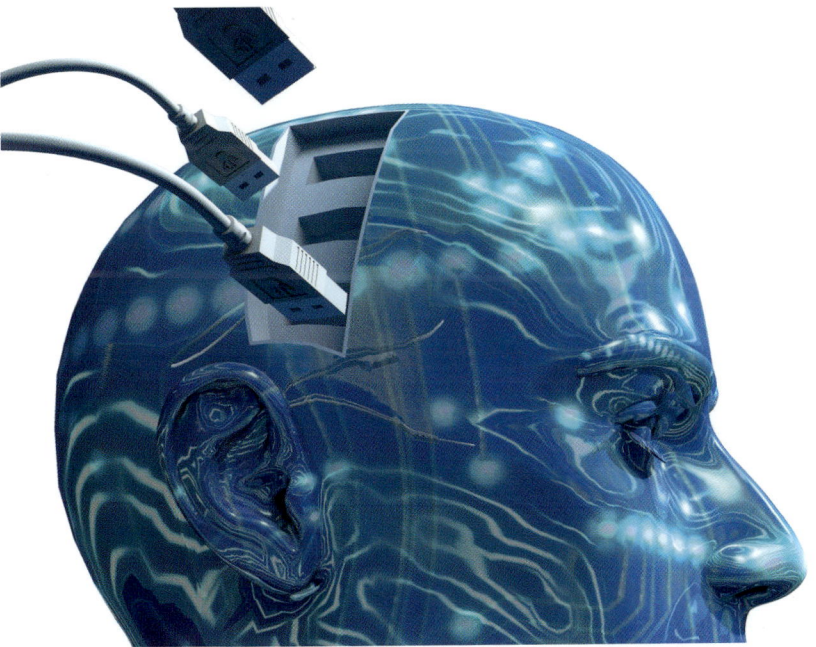

Konditionierung und Programmierung des Gehirns.

(Sie wissen ja: Humor ist, wenn man trotzdem lacht.)

Kommt ein Mann zum Arzt, um sich nach den Untersuchungsbefunden zu erkundigen. „Sie haben zwei Krankheiten", sagt der Arzt. „Zuerst die schlechte Nachricht: Sie haben Krebs. Und jetzt die gute Nachricht: Sie leiden auch an Alzheimer."

Den Witz kann man auch andersrum erzählen. Was ist in diesem Fall die gute Nachricht? Sie kennen Sie schon, da Sie nicht an Alzheimer light leiden! Oder? Medizinische Diagnosen können sich als Todesprogramm entpuppen! „Laut Statistik haben Sie mit Ihrem Befund eine Lebenserwartung von maximal sechs Monaten." Wie soll sich Ihr Körper gegen diese Programmierung wehren? Bei der Diagnose Alzheimer scheint das Vergessenmüssen auch ein schwerer Weg zu sein, da Vergessen- und Vergebenkönnen aus einer anderen Quelle gespeist werden als aus ärztlicher Konditionierung. Stellen wir uns unser Gehirn als Gehirn vor und nicht als PC. Sie bzw. Ihr Gehirn werden vom Grippevirus befallen. Viren sind kugel- oder stäbchenförmige Krankheitserreger. Viren sind in Proteinhüllen verpackte Stücke genetischen Materials, die den biochemischen Apparat geeigneter Wirtszel-

„Hilfe: Medienalarm!"

len auf Produktion neuer Viren derselben Art umprogrammieren können. Also: Die Influenza, die Virusgrippe, hat Ihren Kopf und Ihren restlichen Körper heimgesucht. Sie fühlen sich sauelendig. Jetzt stellen Sie sich bitte vor, dass Ihr Gehirn von dem Virus „Schweinegrippe" befallen sei. Die Medien verkünden, es gibt sie und sie ist sehr, sehr gefährlich. Angst ist vor Sex immer noch der beste Manipulationsmodus! 2009 wird eine neue Medienseuche kreiert, um den Topseller der Weltgesundheitsorganisation weltweit zu vermarkten: Tamiflu, das Mittel gegen die Schweinegrippe. Die WHO ist die offizielle Dachorganisation der UNO für die Weltgesundheit; informell scheint sie eine Lobbyorganisation für die ökonomische Gesundheit der Pharmaindustrie zu sein. Jedenfalls kommt es sowohl meinem Verstand als auch meiner Vernunft so vor. Die proklamierte Pandemie „Schweinegrippe" mit möglicherweise bis zu sieben Millionen Todesopfern weltweit entpuppte sich dann als Medienflop, denn auf dem blauen Planeten Erde sterben Medienberichten zufolge ca. 500 Menschen an Schweinegrippe bei einer Gesamtbevölkerung von ca. 6,75 Milliarden Homo sap. sap.

Und wie liest sich der offizielle Text der WHO zur „Pandemic (H1N1) 2009 briefing note 2" vom 13. Juli für die geplante Impfkampagne?: „Da neue Technologien bei der Produktion von einigen Impfstoffen zur Anwendung kommen, die bisher nicht intensiv auf ihre Sicherheit in Bezug auf bestimmte Bevölkerungsgruppen ausgewertet wurden, ist eine bestmögliche Beobachtung nach der Vermarktung sehr wichtig."
„Vermarktung" ist ein nettes Wort, wenn es um Behandlung bzw. Prophylaxe durch Impfung geht, finden Sie nicht auch? Wie soll man als ängstlich um seine Gesundheit besorgter Bürger ohne Fachkenntnisse eine Pandemie-Inszenierung von einer wirklich ernsthaften und sehr bedrohlichen Gefahr unterscheiden? Wie soll der menschliche Verstand eine reale Bedrohung von einer geschickten Pandemie-Propaganda-Programmierung unterscheiden? Wir sind Programmierungen und Konditionierungen – ob wir wollen oder nicht – weitgehend ungeschützt ausgeliefert. Glauben Sie alles, was in der Zeitung steht oder in den Nachrichten verlesen wird?
Nein! Sicherlich nicht. Aber was glauben Sie und was glauben Sie nicht? Wie soll unser Gehirn zwischen Wirklichkeit, Realität und „Fake" unterscheiden können bzw. lernen? Sie und ich können keine eigenen Forschungen betrei-

75

SAMSTAG /19. 7. 2014 /10⁴⁰
MONTAG /21. 7. 2014 /13²⁶ – 13⁴⁵?

Exkurs: Konditionierung und Programmierung als Gehirnwäsche

ben, wir sind der Gehirn-Programmierung in gewisser Weise ausgeliefert. Nehmen wir als weiteres Beispiel für Hirnpropaganda die Story „Klimawandel" oder nennen wir die soap-opera gleich „Klimaschwindel"? Erderwärmung und Treibhauseffekt liefern sich ein Gefecht mit Eiszeit und Sonnenuntergangsstimmung. Sich anbahnende Klimakatastrophen sind das Schreckensszenario unserer Zeit. Lobbyisten schüren die Kampagnen. Der leichtfertige Umgang mit „wissenschaftlichen Fakten" aus merkwürdigen, jedenfalls nicht unabhängigen und objektiven Quellen, gepaart mit blindwütigem Vertrauen in die prognostischen Fähigkeiten von Großrechnern, haben die Gehirne vieler Menschen erst geängstigt und dann verunsichert: Was stimmt nun? Müssen wir mit einer neuen Eiszeit rechnen oder droht uns das Gegenteil?

„Jedenfalls scheint es einen gefährlichen Wandel des Weltklimas zu geben, so viel steht fest", denkt sich der medieninformierte Mensch. Sie sind nicht „dumm", wenn Sie dieser Programmierung anheimfallen. „Dummheit" gibt es gar nicht – es gibt nur Unbewusstheit.

Die schlechte Nachricht ist Ihnen ja bereits bekannt: Das Gehirn ist das Organ, mit dem wir denken, dass wir denken. Die gute Nachricht kennen Sie ebenfalls: **Das Gehirn wächst mit seinen Herausforderungen.**

(Ver)zweifeln Sie daher nicht an sich und Ihrem Verstand. Wir müssen den Quantensprung in eine Dimension jenseits des materiellen Gehirn-Verstandes wagen, den Quantensprung in das Reich des Bewusstseins. Die moderne Physik hilft uns mit der Information, dass Teilchen auch gleichzeitig Wellen sind und umgekehrt. Wenn Ihr Computer von Viren befallen ist, wer kann Ihren Computer dann von diesen Viren befreien? Nur eine Instanz, die höher dimensioniert ist als Ihr Computer; in diesem Fall eine Instanz von außen: Sie selber bei ausreichender Fachkenntnis oder ein Computerfreak aus Ihrem Freundeskreis. Wenn Ihr reales, materielles Gehirn von Programmierungs-Viren wie zum Beispiel der „Schweinegrippe" oder dem „Klimaschwindel" befallen ist, wer kann es dann reinigen? Nur die Instanz, die das Gehirn „denkt", und diese Dimension ist das Bewusstsein. Ihr PC kann nur von außen von Viren befreit werden, während Ihr Gehirn-PC auch von innen heraus von Viren, sprich Konditionierungen und Programmierungen,

76

befreit werden kann, da in ihm diese andere, diese höhere Dimension steckt. Es gibt keine Dualität zwischen Ihrem Verstand und Ihrem Bewusstsein. Das Bewusstsein ist in Ihrem Gehirn, in Ihrem Verstand, also immanent, und es ist gleichzeitig transzendent, d. h., es übersteigt Ihre materiellen Hirnaktivitäten bei weitem.

Werden Sie sich Ihrer Gedanken bewusst, auch Ihrer Meinung über Klimawandel, Klimaschwindel, über Grippe und Schweinegrippe. Wie kommen Sie zu Ihren Meinungen? Wie kommen Sie Ihren Meinungen auf die Schliche? Nur durch Bewusstheit!

Dummheit gibt es nicht – es gibt nur Unbewusstheit, die sich in Bewusstheit transformieren wird. Ich bin mir da ganz sicher. Die neue Erde und der neue Himmel sind bereits Wirklichkeit.

*„Bei allem, um was ihr bittet in eurem Gebet, glaubt, dass ihr es schon erhalten habt, dann wird es euch zuteil."* Markus 11, 24

Auch Jesus von Nazareth wusste um die Illusion „Zeit".

# 5. Verlieren Sie endlich Ihren Verstand!

*„Wäre der Verstand eine Glühbirne, dann wäre das Bewusstsein die Elektrizität, die die Glühbirne zum Leuchten bringt."* Frank Kinslow

*„Man muss den Verstand verlieren, wenn man nicht verrückt werden will."* Osho

*„What is mind? No matter! What is matter? Never mind!"* Thomas Key

Jetzt fordere ich Sie ganz ernsthaft auf, dass Sie sich Ihres Verstandes entledigen. Setzen Sie lieber auf Intuition bzw. Inspiration, die kommt direkt aus dem reinen Bewusstsein. Denken sollten Sie nur dann noch, wenn Ihr Hirn als Instrument für den Alltagskram nützlich ist. Alles andere ist eine Angelegenheit des Bewusstseins. Auch die hochkarätigen Wissenschaftler und Künstler berichten immer wieder, dass die eigentliche kreative Phase eine No-mind-Phase sei. Anschließend muss der Verstand her und die Intuition bzw. Inspiration in die Sprachen des Verstandes, also primär Buchstaben, Bilder und Zahlen, umsetzen.

*„Intuition ist wichtiger als Denken."* Albert Einstein

Wir haben bereits ausführlich analysiert, dass wir Menschen weitestgehend Sklaven unseres Verstandes, unserer Gedanken jeglicher Couleur sind. Sind Sie nicht auch der Meinung, dass wir unseren schlimmsten Feind, unseren Verstand, verlieren bzw. auf ein erträgliches Maß reduzieren sollten?
„Das ist leichter gesagt als getan", wird Ihre Gedankenstimme jetzt einwenden, denn schließlich geht es um Ihre Existenz, genauer gesagt, um die Existenz des Verstandes, der auf das Engste mit dem Ich-Gefühl verbunden ist. „Ir-rational bis unzurechnungsfähig durch die Welt und das Leben zu

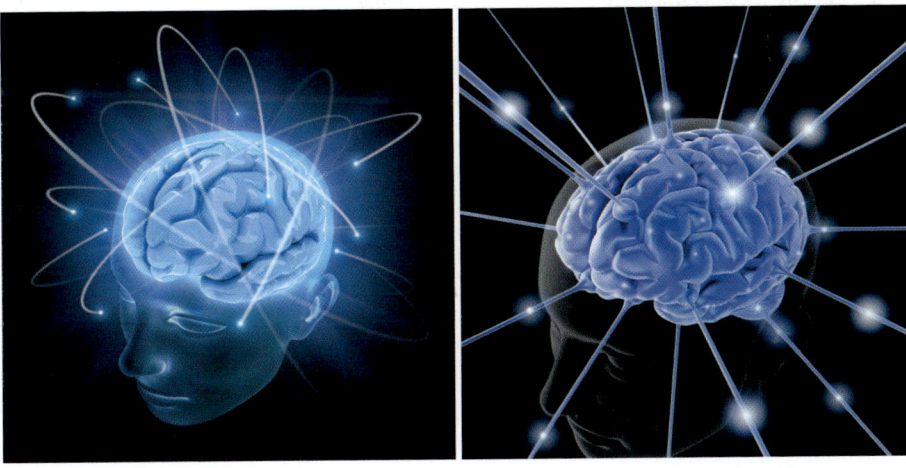

Das Gedankenkarussell.                     Die Hirnmasse ist gleichzeitig Energie,
                                           damit sich das Denken transzendieren kann.

stolpern, kann nicht Sinn der Sache sein", hören Sie Ihre Gedankenstimme weiter flüstern. Sie ist schon etwas leiser geworden, da sie spürt, dass es ihr ernsthaft an den Kragen geht. Sie sollen auch gar nicht ir-rational werden, sondern trans-rational. Sie sollen sich und Ihren Verstand sozusagen selber überlisten. Aber: „Der Problem-Raum ist nicht der Lösungs-Raum."

„Danke, Albert Einstein." „Bitte", höre ich aus dem „Off". Im reinen Bewusstsein ist also sogar Telepathie mit Verstorbenen möglich, sagt mir meine Intuition, oder war es gar die Inspiration? Was aber fangen wir konkret mit dieser Information an? Der Problem-Raum ist das Hirn. Der Inhalt des Hirns ist unser Verstand, der die Welt, uns und unsere Gedanken hervorbringt. Wenn Sie sich köpfen, ist das auch keine Lösung, da nicht nur der Problem-Raum entmachtet wird und Sie als Mensch sich dann auch nicht mehr weiter imaginieren, konfigurieren bzw. manifestieren können. Der Lösungs-Raum ist das reine Bewusstsein. So viel ist schon mal klar. Aber wie kommen wir ins gelobte Land des reinen Bewusstseins?

Die Landkarte ist nicht die Landschaft der Wirklichkeit, ebenso wenig ist der Verstand als Landkarte der Realität die Landschaft. Die Landschaft des reinen Bewusstseins ist immanent und transzendent. Sie ist in der Realität und gleichzeitig geht sie über die Realität hinaus in die Sphäre der wirklichen, der ersten Wirklichkeit.

So ist es! Sie können sich noch so sehr in die Landkarten Ihres Verstandes verlieren und verlieben, sie bleibt eine Art „Papier" oder eine virtuelle Computeranimation. Wenn Sie sich noch so sehr in die Realität der Landkarten der Seychellen vertiefen, die Landkarte ist nur Papier, nur die ferne Landschaft ist die Wirklichkeit. Genau so ist es mit der von Ihrem Gehirn erzeugten Realität, die der Verstand für real = wirklich hält. Nehmen Sie es Ihrem Verstand nicht übel, er kann nicht anders als seiner Programmierung und Konditionierung entsprechend zu arbeiten. Arbeiten heißt in diesem Fall, aus biochemisch-elektrischen Impulsen eine Welt der Formen zu zaubern. Aber alle Magie ist entzauberbar, wenn man hinter die Kulissen schaut. Auch der größte Zauberer arbeitet mit Tricks und die Trickkiste des menschlichen Verstandes haben wir geöffnet. Die wahre Wirklichkeit, das reine Bewusstsein, liegt in einer anderen Sphäre. Das reine Bewusstsein ist ohne Formen, ohne Gedanken und ohne Denker, aber es enthält als Potenzial alles, was ist, war und jemals sein wird.

Das reine Bewusstsein braucht das Koordinatensystem Raum & Zeit nicht, es ist ewig – verstanden im Sinne von Zeitlosigkeit und nicht unendlich langer Zeitdauer!

Das reine Bewusstsein ist nicht-lokal, es kennt keinen Raum und damit keine Distanzen, es unterscheidet nicht zwischen „hier" und „dort" und damit nicht zwischen „Ich" und „Du". Der menschliche Verstand kann ohne das Koordinatensystem 3 Dimensionen Raum (Höhe, Breite, Tiefe) und 3 Dimensionen Zeit (Vergangenheit, Gegenwart, Zukunft) nicht existieren. Das ist der Grund, warum das allumfassende Bewusstsein nicht mit dem Verstand erfasst, geschweige denn zu erklären ist. So wie Menschen mit einer Zwangsstörung sich z. B. ständig die Hände waschen müssen, so muss der Verstand ständig im Rahmen und mit den Möglichkeiten seiner „Hardware" die „Software" verarbeiten.

Wenn ich Sie JETZT auffordere, Ihren Verstand zu verlieren, ist das eine paradoxe Aufforderung so wie: „Seien Sie spontan!".

Wenn ich Sie JETZT auffordere, Ihren Verstand zu verlieren, dürfen Sie das nicht so auffassen, als möchte ich, dass Sie als Person verrückt werden. Ich möchte auch keineswegs, dass Sie dieses Buch ver-virt, also ein Virus Ihre „Software" durcheinanderbringt und eventuell sogar Ihrer „Hardware" Schaden zufügt.

Aber ein bisschen verstören möchte ich Sie schon. Nur Informationen, die über den Horizont gehen, können diesen auch erweitern. Wenn ich Sie – lehrerhaft-pädagogisch – da abhole, wo Sie stehen, klinke ich mich in Ihr Programm ein. Ich möchte aber, dass Sie sich resetten und dann neu programmieren können! Wenn Sie das nicht möchten, klappen Sie bitte sofort dieses Buch zu und entsorgen Sie es. Das ist Ihr gutes Recht!

Aha, Sie sind noch da. Danke!

Majestätsbeleidigungen sind schwer zu verkraften, und Ihr Verstand fühlt sich wie „Ihre königliche Hoheit". Aber jeder King, jede Queen, jeder Kaiser kann vom Thron gestürzt werden, zumal wenn er „scheinbar" neue Kleider trägt.

Ohne die Diktatur des Verstandes lebt es sich besser.
Ohne die Diktatur des Verstandes sind Sie glücklicher.
Ohne die Diktatur des Verstandes sind Sie gesünder.
Sie werden viel glücklicher sein, wenn Sie nicht ständig *unfreiwillig, unwillkürlich, automatisch-reflexhaft* denken müssen. Die Tyrannei hat ein Ende. Ruhe und Frieden kehren ein. Thomas Key hat es auf den Punkt gebracht:

*„What is mind? No matter!"*

Ja, was ist „Mind"? Mehr, als man im Deutschen üblicherweise mit dem Begriff „Verstand" verbindet. Da schwingen noch „Ich und mein Denken und meine Gefühle" mit.
„No matter!" – Keine Materie! Ja und Nein zugleich! Das Denken des Hirns ist an Hirnmasse gebunden, aber das Hirn ist nur der Bote des Bewusstseins. „What is matter?" Illusion! Vom Hirn erzeugte Vorstellungen von fester Masse.

Materie ist eingeschlossenes, verdichtetes Licht. Materie ist also nicht „Materie"!

*„Materie an sich gibt es nicht, es gibt nur den belebenden, unsichtbaren, unsterblichen Geist als Urgrund der Materie."*

Ich weiß, ich bin redundant. Die Gedanken wiederholen sich. Gerade fällt mir schon wieder dieser markante Satz von Max Planck ein.

*„Materie (Masse) und Energie sind äquivalent".* „Never mind!" $E = mc^2$!

Zerbrechen Sie sich mit Ihrem Verstand nicht den Verstand. Der Verstand kann seine Grenzen nicht ohne Hilfe von „außen" zerbrechen. Der Problemraum ist der Problemraum! Mit dem Hirn das Hirn zu verstehen, ist eine Sisyphusarbeit. Wenn der Hirnbesitzer sein Hirn verstehen will, steckt der Hirnbesitzer in einem unauflöslichen Dilemma. Der Lösungsraum muss her! Das Gehirn des Menschen unterliegt wie alle Materie der Äquivalenzgleichung und ist kein in sich abgeschlossenes System. Es empfängt Impulse,

Informationen aus den Weiten des unendlichen Bewusstseins. Ihr Hirn ist eine Art Receiver (Empfänger) und es hat eine Art eingebauten Tuner. Sie nehmen sich und die Welt entsprechend Ihrer Hirnfrequenz wahr. Das Bewusstsein kann man sich auch als *Feld* vorstellen. Gedanken sind sozusagen „Kinder" des Bewusstseins im Bewusstsein.

> *„Wir können daher Materie als den Bereich des Raumes betrachten, in dem das Feld extrem dicht ist...in dieser neuen Physik ist kein Platz für beides, Feld und Materie, denn das Feld ist die einzige Realität."*

Auch dieser Spruch von Albert Einstein verfolgt mich als Gedanke immerzu. Sollte mein Auto-Pilot an allem schuld sein? Ein *Feld* ist ein nichtmaterieller, unsichtbarer Bereich, der den Raum durchdringt und auf unsere sichtbare physikalische Welt Einfluss nehmen kann. Wir kennen alle die Wellen, die entstehen, wenn der Wind durch ein Getreidefeld saust. Durch die *Welle* wird die „Sache" bewegt. Wir sehen die Bewegung, aber nicht die *Welle* an sich. *Wellen* in der Physik sind Bewegungen oder besser Erregungen in einem *Feld*. Was aber ist ein *Feld?* Die Anwesenheit eines Feldes erkennen Physiker daran, dass Kräfte auf Materie ausgeübt werden. Ein *Feld* kann aber trotzdem nur ganz schwer definiert werden, und so bleibt die vage Auskunft, dass *Wellen* wie Licht die Schwingungen von „Nichts" sind. Schon in der Bhagavad Gita heißt es:

> *„Wie viele Wesen auch immer entstehen mögen, und zwar unbelebte wie belebte, sie alle kommen aus der Verbindung von Feld und Feldkenner."*

Und wir alle sollen zum *Feldkenner* werden. Das geht aber nur, wenn wir unseren kleinen materiellen Verstand entmachten und Zugang bzw. Eingang in das weite Feld des reinen Bewusstseins finden. Machen wir uns also auf den Weg vom Feld zum Feldkenner. Unser Hirn produziert intern Hirnwellen, die mit dem EEG (Elektroenzophalogramm) gemessen werden können. Haben Sie Ihre Hirnwellen schon vermessen lassen?
Ihre Hirnwellen oder brainwaves machen, was sie wollen, außer, Sie haben sie und damit sich im Griff und sind zu einem Feldkenner geworden. Dazu die passenden Übungen im Kapitel 6: You can´t stop the waves but you can learn to surf.

MONTAG / 21. 7. 2014 / 13⁴⁵
MITTWOCH / 23. 7. 2014 / 10²⁵ – 10⁴⁵ ?

5. Verlieren Sie endlich Ihren Verstand!

Das EEG misst Ihre verschiedenen Wachheitsgrade, so dass sich durch eine Analyse der gemessenen Wellen eine gewisse Aussage über Ihren Verstandeszustand (und ansatzweise auch auf Ihren Bewusstseinszustand) machen lässt. So deutet z. B. ein sehr asynchrones Muster auf starke emotionale Belastungen hin, während vermehrt langsame Wellen bei gleichzeitig wenigen schnellen Wellen auf einen Schlaf- oder einen Dös-Zustand hinweisen.

*Delta-Wellen* weisen eine niedrige Frequenz von 0,5 – 3,5 Hz auf. Sie sind typisch für die traumlose Tiefschlafphase und Trancezustände.

*Theta-Wellen* sind niedrig schwingende Wellen und liegen im Bereich 4 – 6,5 Hz und sind gekennzeichnet durch hypnagogisches Bewusstsein, Hypnose und Wachträume. Die Phase vor dem Einschlafen korreliert ebenfalls mit niedrigen Theta-Wellen. Die hohen Theta-Wellen (6,5 – 7 Hz) begleiten tiefe Entspannungs- bzw. Meditationszustände, aber auch Hypnosen und Wachträume. Erhöhte Gedächtnis- und Lernfähigkeit, Konzentration und Kreativität werden in diesem Frequenzbereich von dem Hirnbesitzer erfahren. Als Theta-Wellen werden also Signale im Frequenzbereich 4 – 7 Hz bezeichnet. Sie treten vermehrt in den leichten Schlafphasen auf, und der Hirnbesitzer reagiert nur noch auf wichtige und starke Umweltreize.

*Alpha-Wellen* liegen im Bereich 8 – 13 Hz und korrelieren ebenfalls mit erhöhter Erinnerungs- und Lernfähigkeit. Leichte Entspannung und eine nach innen gerichtete Aufmerksamkeit mit meistens geschlossenen Augen werden erlebt. Bei hohen Alpha-Wellen (14 – 15 Hz) verspürt der Hirnbesitzer eine entspannte und nach außen gerichtete Aufmerksamkeit sowie eine gute Aufnahmefähigkeit und Aufmerksamkeit, andererseits aber auch eine hohe Anfälligkeit für Suggestionen, Manipulationen und Propaganda durch eine passive Empfänglichkeit.

*Beta-Wellen* (15 – 38 Hz), im niederen und mittleren Bereich von 15 -21 Hz, zeigen einen hellwachen Aufmerksamkeits- und Konzentrationsstatus bei guter Intelligenzleistung. Beta-Wellen im hohen Bereich von 21 – 38 Hz korrespondieren mit Hektik, Stress, Angst und Hyperaktivität sowie einer sprunghaften Gedankenführung. Betawellen kommen bei ca. 8 % aller Menschen als normale EEG-Variante vor. Betawellen entstehen aber auch als Folge der Einwirkung bestimmter Psychopharmaka oder kommen im REM (rapid-eye-movement) Schlaf vor.

**Sind Sie fernsehsüchtig oder fernsehtüchtig?**

Von den Fernsehbildern geht eine augenlähmende Wirkung aus, die sich in Veränderungen der Hirnstromtätigkeit niederschlägt. Vor dem Fernseher nehmen die Beta-Wellen stark ab, die Alpha-Wellen werden dominant. Man spricht auch von einem „low involvement", in dem passives „Lernen" (oder besser gesagt Konsumieren) ohne bewusste Anteilnahme geschieht.

Die Fernsehbilder entstehen vollständig erst im Körperinnern. So entsteht die Situation, dass der Blick ständig nach außen auf den Bildschirm fixiert ist, zugleich aber das eigentliche Sehen innen geschieht, weil die eigentlichen Bilder gar nicht draußen sind. Bilder werden aus den elektromagnetischen Wellen erst im Gehirn. Man fühlt sich völlig wach und steht aber im Bann des Bilderstroms, der durch den hohlen, den gefrorenen Blick wie durch eine Pipeline auf die Netzhaut fließt.

Anders als bei der Meditation werden diese inneren Bilder nicht aktiv erzeugt, sondern vom Kathodenstrahl (neuerdings LCD und LED) hereingeschossen. Dieser Zustand zwischen Wachen und Schlafen ist in gewisser Weise einer Hypnose vergleichbar, jenem Ausgeliefertsein, gegen das sich der Betroffene gar nicht wehren kann. Tatsächlich zeigt das EEG während einer Hypnose ganz ähnliche Symptome wie beim Fernsehen.


Und jetzt zu den *Gamma-Wellen*:

Gamma-Wellen liegen im Frequenzbereich über 38 Hz bis 100 Hz und scheinen von besonderer Güte zu sein. Sie führen zu einer Transformation oder neuronalen Re-Organisation des Gehirns: *Neuro-Plastizität* ist das Schlagwort dafür. Was ist darunter zu verstehen? Hier wird das Geheimnis der Gamma-Oszillation gelüftet:

Was geschieht, wenn der Verstand leer wird oder ist, also „No-mind", ohne eine Hirnbesitzer-Erfahrung da ist? Wenn einfach nur Sein da ist! Aber „Sein, was soll das sein?", fragen sich alle Hirnbesitzer ratlos.

Vor einigen Jahren hat der Hirnforscher Richard Davidson Folgendes herausgefunden: Bei der Gamma-Oszillation werden alle beteiligten Hirnareale in eine Art gemeinsames Einschwingen versetzt. Der Hirnbesitzer erfährt einen

Bewusstseinszustand frei von Ego-Gedanken: Ich bin in allem und alles ist in mir. Alles ist gut so, wie es ist. Der Hirnbesitzer lenkt seine Aufmerksamkeit nicht auf etwas Konkretes, wie z. B. seine Gedanken, sondern widmet sich sozusagen dem reinen Bewusstsein, das mit Gamma-Wellen-Oszillation in gewisser Weise zu korrelieren scheint. Aber sicherlich wird die weitere technische Entwicklung noch weitere Hirn-Wellen messbar machen. Alles eine „Frage der zeitlosen Zeit" – die Lösung schwebt schon im Lösungsraum und wartet darauf, manifestiert zu werden.

Hier ist der Hirnbesitzer Hirninhaber. Er hat nicht nur ein Hirn und ist dessen Prozessen mehr oder weniger hilflos ausgeliefert, sondern er ist aktiver Gestalter transpersonaler Bewusstseinszustände – ein Hirnbenutzer! Denken erweist sich dann als ein kleiner Aspekt des Bewusstseins.

Ein Hoch auf die Gamma-Oszillation! Gehirnwellen lassen sich also nicht nur messen, sondern auch beeinflussen. Die Frage ist nur, wer beeinflusst hier wen oder was?!

Suggestion, Propaganda, Trance, Hypnose und Manipulation laufen auch über die Beeinflussung von Hirnwellen – und das nicht nur bei groß angelegten Kampagnen wie in Nazi-Deuschland oder unter Stalin oder Bush. Fallen Ihrem Auto-Piloten ad hoc noch andere Namen ein? Wenn Ihnen Ihr Partner/Ihre Partnerin, Ihr Chef/Ihre Chefin, die Medien etwas suggerieren, bekommen Sie das meistens nicht direkt mit. Ihrer Meinung nach sind Sie durchaus in der Lage, sich eine eigene Meinung zu bilden, aber auch hier gilt: „DENKSTE!"

Das Fernsehen ist eine gefährliche Hirnwellen-Manipulationsmaschine. Sie sitzen vor der Glotze, um sich zu entspannen, d. h., Sie wollen die Gedankenstimme in Ihrem Kopf unterdrücken durch Ablenkung. Sie wollen sich also selbst ent-sorgen. Eine ganze Unterhaltungsindustrie lebt davon und gequälte Menschen zahlen auch noch dafür, dass sie sich gruseln und fürchten können.

Ja, und nach einiger Zeit sind – vielleicht – die Ego-Mind-Monster tatsächlich weg; Ihr Kopf ist scheinbar gedankenleer, wird nur noch passiv gefüllt. Sie sind von sich befreit! Wie angenehm!

Doch Vorsicht! Statt an der eigenen Gedankenproduktion haben Sie an das

TV-Denk-Programm angedockt. Sie sind wahrscheinlich im Alpha- oder Theta-Wellen-Bereich und damit hypnagogischen Einflüssen ausgesetzt, ohne es zu merken. In diesem tranceähnlichen Passivzustand ist Ihre unbewusste Empfänglichkeit für Suggestionen, Propaganda und Manipulationen stark erhöht. Sie halten es dann sogar auch noch für Ihre eigenen Gedanken, Ihre eigene Meinung, die Quintessenz Ihrer Vernunft, was Ihnen da eingetrichtert wurde. Fernsehen macht süchtig. Fernsehsüchtig oder fernsehtüchtig? – das ist hier die Frage.
Das gilt natürlich auch für das Internet! Fernsehen vertieft in der Regel Unbewusstheit und macht unaufmerksam für die wesentlichen Dinge des Lebens, die nur durch Achtsamkeit erfahrbar werden.

Das waren die schlechten News.
Jetzt die guten!
Es gibt ein Bewusstseins-Feld, und Sie sind dieses Bewusstseins-Feld!

Die große Illusion besteht darin, zu glauben, dass Sie selbst, „persönlich" denken, wissen, glauben, tun, während in Wirklichkeit das reine Bewusstsein Sie und mich denkt und durch uns denkt, erkennt und handelt. Das ist allerdings nicht bevormundend oder gar deterministisch zu verstehen, sondern das reine Bewusstsein gewährt „uns" aktiven Anteil, für den wir Verantwortung tragen, da wir manifestieren, da wir auf dieses Angebot „antworten" können. „Uns" gibt es in diesem Sinne ohnehin nicht mehr, nur eine In-**Form**-ation, die manifestiert. Das ist schwerer Tobak – ich weiß. Aber es ist, wie es ist.

*„Ich bin ein Loch in einer Flöte, durch die der Atem Christi strömt."* Hafis

*„Wir sind alle Marionetten und Gott spielt uns."* Christian von Klampen

*„Materie ist in Feldern eingebundene Energie"*, schreibt R. Sheldrake. Und unser Körper inklusive Gehirn ist eine materielle Struktur und damit in ein Feld eingebundene Energie. Und das eine Feld nenne ich hier reines Bewusstsein. Da es letztlich nur ein **Feld** gibt, sind alle materiellen Erscheinungen – **In-formationen** – in diesem Feld Ausdruck und Eindruck des einen

absoluten Bewusstseins. Wir sind alle nur Vorstellungen, Ideen im Absoluten Bewusstsein, dass auch GOTT, TAO oder JAHWE genannt wird. Wir sind Reflexionen im Feld und das Feld erkennt sich durch uns. Sein bringt in und aus sich Bewusstsein hervor.

Unberührt, ohne Erregung, ohne Bewegung, ohne **Welle** geschieht nichts. Durch Schwingungen im Feld entsteht die Welt. Das Feld ist die Wirklichkeit, und ein niedrig schwingender Teil des Feldes ist die Welt der Formen, die Realität, die wir durch unseren Verstand als „Realität" wahr-nehmen und erleben.

Sie und ich glauben, unsere Körper seien Materie, also feste Substanz. Aber wir wissen, dass der Körper aus unzähligen Zellen, Molekülen, Atomen, subatomaren Teilen etc. gebildet wird, die wiederum Energie sind. Die Schwingungen dieser Energie sind so beschaffen, dass sie unseren Körpern scheinbare Festigkeit und scheinbar dauerhafte Form geben, dabei werden unsere Körper spätestens jedes Jahr „runderneuert". Alle sechs Wochen haben wir eine neue Leber, alle 5 Wochen neue Magenwände, und jedes Jahr neue Nerven- und Hirnzellen.

> *„Nicht die DNA formt einen physischen Körper, sondern Bewusstseinsimpulse scheinen die DNA und den physischen Körper zu bilden",*

schreibt der Internist Klaus-Dieter Platsch. Das **Bewusstseinsfeld** bringt die Welt hervor. Wir reflektieren die Energieschwingungen durch unsere Sinne und unser Verstand projiziert alles nach außen und so entsteht „draußen" die Welt. Das Feld manifestiert sich selbst in all diesen Schwingungen und so konnte Meister Eckhart sagen:

> *„Wenn ich nicht wäre, wäre Gott nicht."*

Die Erfahrung eines materiellen Körpers ist eine Illusion, ein Hirngespinst, Maya, eine „Fata Morgana". Der Körper bildet sich und löst sich zur gleichen Zeit wieder auf – inklusive der Gehirnzellen, die das Ganze konstruieren. Wir müssen alle Feldkenner werden, damit wir unsere Hirngespinste als solche entlarven und nicht für wirkliche Wirklichkeit halten, denn das Feld ist die eigentliche Realität. Gedankenformen steigen im **Feld des Bewusst-**

**seins** auf, docken an einem individuellen Hirn an und werden von dem Hirnbesitzer als seine Gedanken – inklusive des Basic-Gedankens ICH – wahr-genommen. Ihr Ego entsteht, wenn Sie Ihr Gefühl des Seins mit Ihren Gedankenformen verwechseln. Der Ego-Geist, der Ich-Mind, erhält seine Nahrung durch dieses unterschwellige, subliminale (Limen = Grenze), unbewusste Gefühl des „Ich denke – also bin ich."

Ein nicht wirklich materielles Hirn zaubert in seinen Gedanken-Galaxien Mind-Monster und Mind-Engel hervor, dabei sind diese Ego-Gedanken nur Wellen in einem Energiefeld.

*„Leere ist Form und Form ist Leere"*,

heißt es im Herz-Sutra. In diesem Sinne:

**Verlieren Sie endlich Ihren Verstand
und tauchen Sie ein in das Feld des reinen Bewusstseins,
und SIE sind angekommen.**

# Exkurs: Depressionen – eine Gedanken-Pandemie

*„Die Krankheit der Zeit ist eine Zeitkrankheit: Depression."*
Margitta Gwiasda

*„Das Gehirn ist ein Bote des Bewusstseins."* John C. Eccles

*„Depression ist die Sehnsucht nach Zukunft."* Änne Rückert

Depression als Pandemie: Der blaue Planet und sein kollektives Bewusstsein.

Die „Karriere" der Pandemie (Epidemie weltweiten Ausmaßes) „Depression" – früher Melancholie – ist erschreckend: Im Jahr 2020 wird sie nach Schätzungen der WHO (Weltgesundheitsorganisation) nach den Herz-Kreislauf-Störungen und vor dem Krebs die zweithäufigste Erkrankung sein.

Was ist eine Depression? Sie gilt als eine psychische Krankheit! Was aber ist die Psyche – griech. Seele – wirklich? Seelenkrank zu sein, gilt immer noch

90

als persönlicher Makel. Die Symptome der schulmedizinischen Depression sind:

- Stimmungsschwere
- Antriebshemmung
- innere Unruhe
- Schlafstörungen
- verändertes Zeiterleben
- Gedankenschwemme.

Doch spätestens seit der Akupunktur, der Homöopathie, Ayurveda, TCM (Traditioneller Chinesischer Medizin), Yoga etc. wissen wir, dass die westliche Schulmedizin den Menschen nicht in seiner Komplexität und Ganzheit erfasst und von einem materialistischen Menschenbild ausgeht, in dem auch die „Psyche" etwas (rein) Körperliches geworden ist und oft mit Gefühlen, mit emotionalem Erleben und Funktionieren gleichgesetzt wird. In diesem Weltbild gibt die Materie den Ton an und daher setzte die Schulmedizin in den letzten Jahrzehnten primär auf Tabletten (Antidepressiva) und (meistens begleitend) auf Psychotherapie. Doch neuere Forschungsergebnisse zeigen sehr deutlich, dass Pillen oftmals Placebos mit ungewollten Nebenwirkungen sind. Seit Einführung der Antidepressiva hat sich die Zahl der als depressiv diagnostizierten Menschen verdoppelt. Ich möchte in diesem Buch „Depressionen" als eine „Gedankenkrankheit" definieren. Ihre drei primären Symptome sind:

- Gedanken
- Zeit
- Schlaf

und alle drei korrelieren miteinander. Wir hatten schon festgestellt, dass Gedanken meistens unfreiwillige, konditionierte, konstruierte „Gebilde" sind, die einer Person einfach so in den „Sinn" kommen. Daneben haben wir konstatiert, dass „Zeit" auch ein Gedanke, ein mentales Konstrukt ist. Und nur der Schlaf, jedenfalls der traumlose Tiefschlaf, befreit uns von den Mind-Monstern in unseren Gedanken-Galaxien. Gedanken durchziehen unser

Hirn mehr oder weniger unaufhörlich. Im Wachbewusstsein als „Stimme oder Fernsehen im Kopf", im Schlaf als Traum, d. h. als real empfundenes Kopfkino, in dem das Ich, die träumende Person, das geträumte Ich ist und nicht der Träumer. Wacht die träumende Person auf, wird das Kopfkino als Traum geoutet und der dann eintretende Bewusstseinszustand als Realität definiert.

Nur im traumlosen Tiefschlaf sind wir gedankenlos und damit frei von unserem Ego. Genau das verhindert aber Schlaflosigkeit. Wir finden keine

Auf die Dauer der Zeit nimmt das Gehirn die Farbe der Seele an.

Tristesse, Melancholie, Depression!

Entspannung vom Ego. Der Ego-Stress hält an und die erlösende Stille der Egolosigkeit will sich nicht einstellen. Unsere Grübelfalle, unsere Mind-Games, unsere Mind-Monster haben uns fest im Griff. Der Gedanken-Müll kann nicht entsorgt werden. Die Worte „Dunkelheit" und „Schwere" bezeichnen die Ego-Bewusstseins-Qualität einer Depression vielleicht am besten. Alles ist dunkel, sehr dunkel und schwer, sehr schwer. Was ist eigentlich dunkel und schwer? Unser Ich-Bewusstsein, unser Verstand inklusive seiner unzählbaren Gedanken. Dunkel scheint der extreme Pessimismus, schwer fühlt sich die Kraftlosigkeit, die Antriebslosigkeit an.

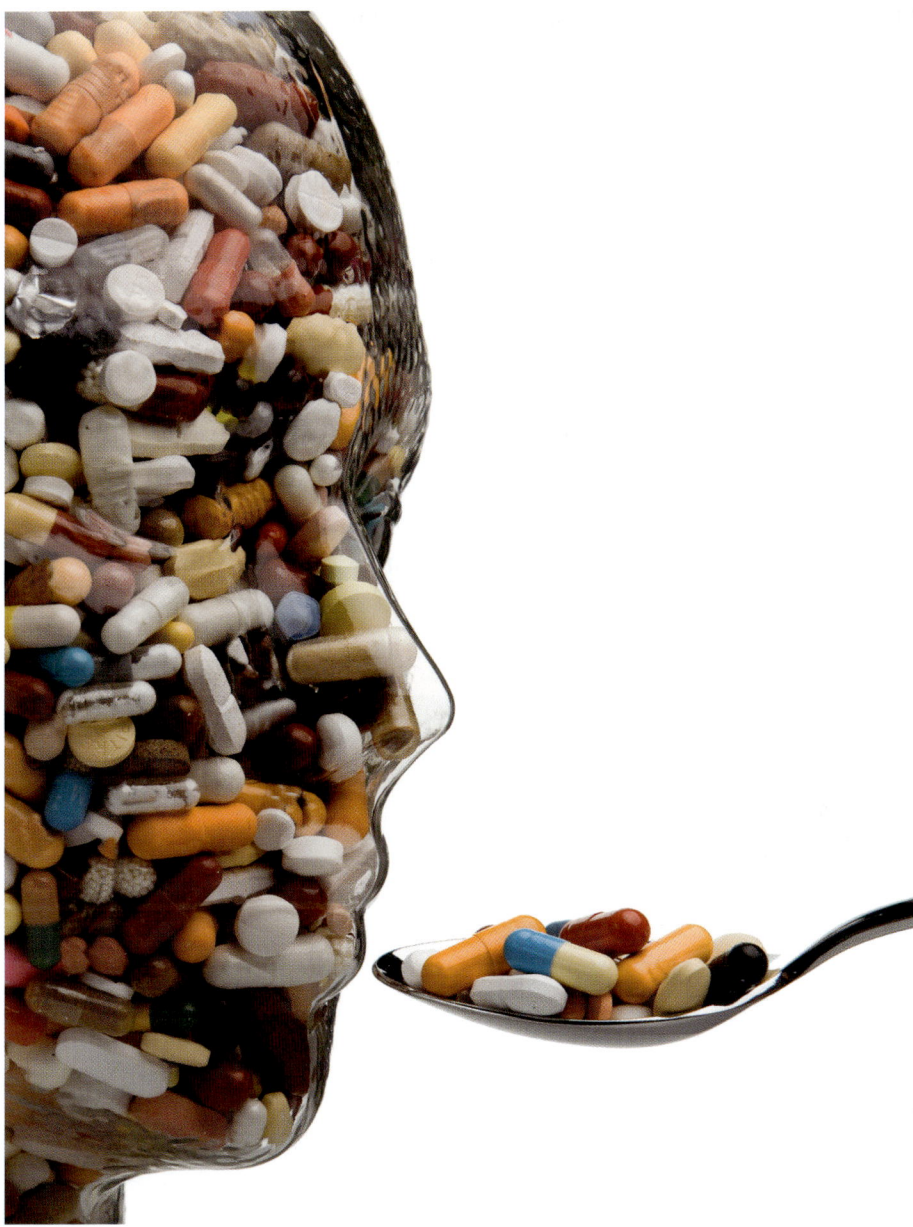

Schlucken wir bunte Pillen, um besser Farben sehen zu können?
Schlucken wir einfarbige Pillen, um Depressionen zu beseitigen?

Die Depression gilt auch als eine Art „Zeitkrankheit", und zur Zeit als die Krankheit unserer Zeit. Sie ist weltweit eine Mainstream-Krankheit von pandemischem Ausmaß. Dass Depressionen etwas mit „Zeit" zu tun haben, ist eine „uralte" Erkenntnis der Menschheit. Chronos, der Gott der Zeit bei den Griechen, war auch gleichzeitig der Gott der Dunkelheit, der Schwere, der bleiernen Lähmung, der Melancholie, des Stillstandes. Die Zeit steht still für einen depressiven Menschen. Zeit ist, wie wir gesehen haben, ein mentales Gedankenkonstrukt unseres Verstandes. „Zeit" als absolute, unabhängige physikalische Größe gibt es nicht. „Zeit" ist nur ein messbarer physikalischer Parameter.

*„Zeit ist das, was die Uhr misst",*

meinte Albert Einstein treffend. Demzufolge kann Zeit nicht „vergehen". Unser Zeitbewusstsein ist ein Arbeitsmodus unseres Gehirns. Der depressive Mensch lebt im Jetzt, er erlebt ein Stocken der Zeit, einen Stillstand seiner Biographie, die innere Uhr scheint stillzustehen, während der Chronometer am Handgelenk seiner Wahr-Nehmung anzeigt, dass es eine Zeit gibt, die vergeht. Anders als bei einem spirituellen Menschen wird dieser Stillstand der Zeit als sehr, sehr belastend erlebt. Das „Jetzt" des Depressiven ist nicht das zeitlose JETZT des Mystikers, des spirituellen Menschen, sondern der höllische Eindruck der Ausweglosigkeit.

*„Erkenne das Ewige und du bist weise",*

sagte Konfuzius. Erkennen ist aber etwas anders als Wissen. Wissen ist gut – Weisheit ist besser. Aber wer ist heute schon „weise"? Das Wort WEISHEIT ist, wie wir bereits festgestellt haben, out. Einer der großen spirituellen Lehrer unserer Zeit, der deutschstämmige Eckhart Tolle, nannte sein erstes Buch sehr treffend: „JETZT – die Kraft der Gegenwart". Das ewige, zeitlose **JETZT** zu erfahren hat also eine ganz andere Qualität als das Erstarren im Jetzt des depressiven Menschen, vielmehr gewinnt die Vergangenheit in dem „depressiven Jetzt" die Oberhand. Aus dem aktuellen Augenblick wird ein vergangenes Jetzt. Das Gefühl für die Zukunft ist dem Depressiven abhanden gekommen, so wie auch das „Gefühl der Gefühllosigkeit" die Depression kennzeichnet. Das Erleben von Gefühllosigkeit ist etwas anderes,

*MITTWOCH / 23.7.2014 / 10⁴⁵*
*DONNERSTAG / 24.7.2014 / 10²⁰ – 10⁴⁰²*

als Gefühle zu vermissen. Das Einfrieren der Zeit ist etwas anders als das Erleben von Zeitlosigkeit. Im depressiven Jetzt ist das ganze Spektrum des Lebenspanoramas nicht mehr enthalten, nur das Schwere der Vergangenheit.

> *„Der Tod ist kein Ereignis des Lebens. Den Tod erlebt man nicht. Wenn man unter Ewigkeit nicht unendliche Zeitdauer, sondern Unzeitlichkeit versteht, dann lebt der ewig, der in der Gegenwart lebt",*

schreibt der Philosoph Ludwig Wittgenstein. Es geht also um die Zeitlosigkeit. Es geht darum, dass Zeit als Gedanke entlarvt wird und damit die Depression als „Gedanken-Krankheit" erkannt wird. Die Symptome sind sekundär. Die Ursache der Symptome sind die Gedanken als solche. In diesem zeitlosen JETZT ist Ihr ganzes Leben enthalten, auch Ihre Zukunft. Depressionen sind die Sehnsucht nach Zukunft, die als empirische Person jetzt nicht mehr gefühlt werden kann. Die Zeitvorstellungen der großen Weisheitstradtionen und Weisheitslehren tragen dem Rechnung, wenn sie von einer *Zeitvorstellung* ausgehen, die keinen Werdeprozess beinhaltet, sondern etwas ist, das sich von Augenblick zu Augenblick zeigt und alle Existenz(en) umfasst. Ebenso sieht die Quantenphysik die Welt als ein gleichzeitiges Aufblinken und Verlöschen der Welt; als ein „On", aber kein wirkliches „Off" – als eine Art „dynamisches Stand-by". In diesem zeitlosen JETZT ist Ihr ganzes Leben enthalten und, wenn Sie nicht depressiv sind, spüren Sie das auch subliminal (limen = Grenze), also unterschwellig, unter der Grenze Ihres Wachbewusstseins. Ihr ganzes Leben ist präsent! Wenn Sie depressiv sind, verlieren Sie dieses Feeling.

> *„Die Zeit heilt alle Wunden",*

heißt es im Volksmund. Aber auch das ist ein unter Umständen krankmachender Gedanke. Wenn die Zeit das könnte, müsste sie vergehen können, und das kann sie nicht, da sie ein mentales Konstrukt ist. Die Zeit kann nicht heilen. Ihr Verstand arbeitet im depressiven Zustand mit einem krankhaften Zeit-Modus: Die Zukunft scheint es nicht zu geben.

> *Vergangenheit <–> Jetzt*

Normalerweise wird der Zeitfluss so erlebt:

*Vergangenheit <–> Jetzt <–> Zukunft*

Das Zeitbewusstsein des JETZT impliziert dagegen alles, was Ihr Leben instantan enthält:

## JETZT

*„Vergangenheit" <–> „Zukunft"*

Daher ist es wichtig, mit depressiven Menschen am JETZT-Bewusstsein zu arbeiten und nicht nur mit Gedanken und Gefühlen. Gegen den „falschen Zeit-Arbeitsmodus" des Gehirns gibt es – noch – keine Pillen. Schlucken wir bunte Pillen, um besser Farben sehen zu können? Nein.

Sollten wir wie auch immer aussehende Tabletten schlucken, um den Zeitmodus unseres Verstandes zu „heilen"? Nein.

Denken ist nur ein kleiner Aspekt des Bewusstseins. Symptombehandlungen sind und bleiben Symptombehandlungen. Aber nur dort im Bewusstsein setzt eine primäre, eine Ursachen-Behandlung an. Gottlob haben uns die Neuro- und Kognitionswissenschaften gezeigt, dass es eine Neuroplastizität des Gehirns gibt. Wir sind unserem Verstand nicht hilflos ausgeliefert. Die Ursache einer Depression sind toxische Gedankenkonstellationen! Aber auch das ist noch eine Oberflächen-Diagnose. Die Ursache der Ursache jenseits aller zeitlichen Kausalität (zeitliches Aufeinanderfolgen bedeutet danach ursächliche Kausalität) liegt im Bewusstsein, da in ihm Gedankenformationen aufsteigen. Die Augen sind der Spiegel der Seele. Der Mund ist der Schließmuskel der Seele. Weinen ist der Stuhlgang der Seele.

*„Das Gehirn ist der Bote des Bewusstseins",*

so der Medizinnobelpreisträger John Eccles. Viele „depressive Hirne" – ich wähle bewusst diese Formulierung und nicht „die Hirne vieler depressiver Menschen" – (Sie wissen schon: Das Gehirn ist das Organ, mit dem wir denken, dass wir denken.) zeigen neurobiologischen Untersuchungen zufolge, dass die Nervenzellen eines Bereichs der linken präfrontalen Großhirnrinde

(Cortex) auf Sparflamme arbeiten. Der präfrontale Cortex ist die Schnittstelle zwischen Kognitionen und Emotionen, die ja einen Schaltkreis und nicht zwei separate bilden. Denken und Fühlen sind unauflöslich miteinander verbunden – sie sind eins. Warum und wieso diese „biologischen Narben" bei depressiven Patienten vorhanden sind, ist wissenschaftlich nicht geklärt.

Gene und Umwelt interagieren ebenso miteinander wie Körper und Seele, jedenfalls dualistisch gesehen – eigentlich sind auch sie eins, nur unser Verstand liebt Dualitäten über alles: Es ist das Grundmuster seiner Programmierung. „Ich und die Welt" ist seine Matrix. Jedenfalls arbeitet ein depressives Hirn „depressiv", daher fühlt sich der Hirnbesitzer „depressiv", denn der „Ich-denke-Gedanke" ist ebenso wie der „Fühlgedanke" „Ich-bin-depressiv" ein Hirnkonstrukt. Aber was ist das Gehirn? Ein Bote des Bewusstseins! Also kann einen Menschen letztlich auf „Dauer" nur der Quantensprung ins Bewusstsein davor bewahren bzw. davon heilen, „depressiv" zu werden oder zu sein. Im reinen Bewusstsein entstehen Welten: Bewusstseins-Welten. Diese Welten nehmen kollektive und individuelle „Formen", „Qualitäten" an. Materie ist in Felder eingebundene Energie und diese Felder haben Bewusstseinsqualitäten, die Gedanken-Formen annehmen (können). Wir sind eingebunden in Bewusstseins-Felder. Das „kollektive Unbewusste" von C. G. Jung und die „morphogenetischen Felder" von Rupert Sheldrake beinhalten individuelle Gedanken-Formen, gehen aber über sie hinaus.

Wir erinnern uns, dass die WHO prognostiziert, dass es einen weiteren dramatischen Anstieg von Depressionen, d. h. depressiven Menschen, weltweit geben wird. Keine Person lebt für sich allein. Kein Individuum ist getrennt von den anderen, wie schon das Wort In-dividuum, das nicht zu Dividierende, aussagt. Wir leben alle in Bewusstseins-Feldern verschiedener und verschränkter Couleur, zu denen unser Verstand in der Regel keinen Zugang hat. Dem Bewusstseins-Feld „Nazi-Deutschland" kann man sich letztlich auch nicht durch die „Gnade der späten Geburt" entziehen, da alles JETZT ist. Dem „derzeitigen und zukünftigen" Bewusstseins-Feld „Depressions-Pandemie" kann man sich auch nicht einfach so entziehen. Es gibt Felder nationaler, familiärer, aber auch globaler Art, in denen Sie leben. Ihre individuelle DNA, Ihre persönliche Sozialisation etc., all das macht Ihr individuelles Lebens-Feld aus, das nie wirklich individuell oder ausschließlich sein kann. In diesem Feld kann es zu einer „Krankheit" kommen, die als „Depression" diagnostiziert wird. Noch weniger, als Sie Herr♂ / Frau♀ Ihrer Gedanken sind, sind Sie Herr/Frau Ihres Bewusstseins.

Gedanken kennen eine Emission ebenso wie eine Immission. Daher schreibt der niederländische Arzt Pim van Lommel in seinem lesenswerten Buch „Endloses Bewusstsein":

> *„Unser Gehirn und unser Körper dienen nur als eine Annahmestation. Sie empfangen einen Teil unseres gesamten Bewusstseins und unserer Erinnerungen in unserem Wachbewusstsein. Das nichtlokale Bewusstsein umfasst jedoch viel mehr als unser Wachbewusstsein. Das Gehirn lässt sich mit einem Fernsehapparat vergleichen, der aus elektromagnetischen Feldern Informationen empfängt und sie zu Bildern und Tönen dekodiert. Zugleich ähnelt es einer Fernsehkamera, die Bild und Ton in elektromagnetische Wellen umwandelt beziehungsweise kodiert. Das Bewusstsein gibt Informationen an das Gehirn weiter und empfängt durch das Gehirn Informationen aus dem Körper und den Sinnesorganen. Die Funktion des Gehirns lässt sich mit der eines 'Transceivers', eines Sende-Empfängers, vergleichen."*

Ihr eigentliches, endloses Bewusstsein ist immer jenseits Ihrer Ego-Struktur. Ihre Ego-Struktur beinhaltet nur Ihren relativen Verstand. Das war die schlechte Nachricht. Die gute Nachricht kennen Sie bereits: Sie sind letztlich auch reines Bewusstsein ohne den störenden Ego-Faktor. Wenn Sie in das reine Bewusstsein (ein-)gehen, dann kann Ihre hirninterne Gedanken-Pandemie Sie nicht mehr krankmachen. Reines Bewusstsein kennt keine Pathologie.

> *„Ich denke nicht an die Zukunft, sie kommt schnell genug."*

Vertrauen Sie Albert Einstein, er war oft im reinen Bewusstseins-Feld. Denken Sie nicht an die Zukunft, indem Sie Gedanken-Zukunfts-Gebäude errichten. Die sind sowieso vom Mind-Earthquake bedroht. So ein Zusammenbrechen der Gedankengebäude durch ein Hirnbeben ist äußerst unangenehm. Kleben Sie auch nicht wie Uhu an Gedanken-Vergangenheits-

Gebäude, die sind ebenfalls stark hirninfarktgefährdet. Ein lebendiges JETZT beinhaltet alles, was Ihr Leben beinhaltet, ein lebendiges Spüren der „Vergangenheit" ebenso wie eine lebendige Ahnung für die „Zukunft".

Ist eine Ahnung mehr als ein Gedanke? Ja, eine Ahnung kommt aus dem reinen Bewusstsein. Ist eine Inspiration mehr als ein Gedanke? Ja, eine Inspiration, eine Intuition kommen aus dem reinen Bewusstsein. Einstein war ein Genie im Übersetzen ahnender Inspiration in die Ausdrucksmöglichkeiten der Gedanken: Bilder, Zahlen und Buchstaben. Werden Sie ein Genie wie Albert Einstein: Sie sind es schon JETZT.

Wenn Sie „depressiv" sind, gehen Sie den Weg des Mystikers, gehen Sie den Weg des Genies. Das Genie hat eine Ahnung vom reinen Bewusstsein. Der Mystiker lebt im reinen Bewusstsein. Quälende Gedanken – inklusive des pathologischen Zeit-Gedankens – sind ihm – weitgehend – fremd. „Das ist leichter gesagt, nein geschrieben, als getan", wird Ihr Verstand gerade einwenden. Nicht unbedingt!

Es gibt eine uralte – verzeihen Sie, wenn ich Ihnen zeitlich komme – Philosophie, eine Weisheitslehre, ein Übungssystem, das sich genau damit beschäftigt: **YOGA**
Ich spüre Ihre Enttäuschung. Sie sind eventuell schwer depressiv, haben Suizid-Gedanken und ich komme Ihnen mit Yoga. Nein, ich meine nicht den (Hatha-)Yoga, wie er im nächsten Fitnesscenter oder in der übernächsten Volkshochschule angeboten wird. Ich meine **YOGA**! Weil das Thema so wichtig ist, gibt es einen kleinen Exkurs dazu.
**YOGA** bedeutet die Vereinigung des individuellen Bewusstseins – also des Ego-Verstandes – mit dem reinen Bewusstsein. Und so nebenbei bemerkt fördert Yoga die Fähigkeit des Frontalhirns, kraft der Gedanken-Beobachtung regulierend auf die Prozesse im Limbischen System einzuwirken. Stellen Sie sich einen Menschen aus der Steinzeit (sorry, die Sprache suggeriert unaufhörlich Zeit) vor, der in ein modernes Stadthaus des Jahres 2010 (Sie wissen schon, nach Christi Geburt) gebeamt wird und in Dunkelheit lebt, weil er mit den seltsamen Steckdosen in den Wänden nichts anzufangen weiß. So leben auch Sie in der depressiven Dunkelheit Ihrer Gedanken

und finden keinen Zugang zum Licht. Aber es gibt *Yoga* und **YOGA** in seiner ursprünglichen, reinen Form, in all seiner Ganzheitlichkeit, und dieser **YOGA** kann Sie aus Ihrer Depression befreien. **YOGA**-Meister vergleichen den Geist mit einem See, wobei die Wellen unsere Gedanken-Gefühle symbolisieren. Wenn die Wellen sich legen, ist der See still und wir sehen den kostbaren Juwel, der auf dem Grund des Sees funkelt: reines Bewusstsein.

Wenn Sie depressiv sind, beobachten Sie Ihren Verstand, Ihren Monkey-Mind, wie er ständig mit sich selbst redend und von einem Gedanken-Gefühl zum nächsten hüpfend, zu unaufhörlicher Bewegung und Fluktuation gezwungen , *v o r* diesem Gedanken-Gefühl fliehend und *n a c h* jenem Gedanken-Gefühl strebend Ihre Depression ist. Ihre Gedanken kommen wie Wellen auf dem Ozean und verschwinden wieder im Ozean. Sie stehen nicht im Stau, Sie sind der Stau. Sie sind nicht Ihre Gedanken, Sie sind der Ozean. Wenn der Ozean rein und still ist, dann sind „Sie" nicht mehr, da **Sie** der Ozean sind.

Das ist **YOGA**, die Vereinigung des individuellen, des relativen Bewusstseins mit dem absoluten, dem reinen Bewusstsein.

Ihr Verstand verhindert, dass Sie sich konzentrieren und still werden können. Wir sehnen uns nach Frieden und Ruhe, aber wir suchen im Außen nach Befriedigung und Vergnügen. Fressen, Sex, Fernsehen – die „drei Fs" bestimmen das Leben vieler Menschen und irgendwann macht das „normale" Leben krank. Das kann doch nicht alles – gewesen – sein! All das, was Ihr Leben ausmacht, wird schal und leer. Der Absturz in die Depression ist vorprogrammiert. Die hirninterne Gedanken-Pandemie ist da. Die Diagnose „Depression" lässt nicht lange auf sich warten, ebenso wie die Pillen dagegen, die nicht wirklich heilen können.
Aber ich kann Ihnen aus eigener Erfahrung versichern, dass **YOGA** ein Weg ist, um aus einer Depression zu erwachen. Damit meine ich auch Verfahren, die sich anders nennen, aber auf **YOGA**-Meditation basieren, wie z. B. das Achtsamkeitstraining nach Jon Kabat-Zinn. Das war die gute Nachricht. Die schlechte Nachricht ist: Es gibt im Westen wenig seriöse **YOGA**- Lehrer! „Muss ich nach Indien fliegen?", fragt sich Ihr aufgeregter Verstand. Nein.

Auch hier kann Ihnen geholfen werden. Es gibt auch hierzulande **YOGA**-Lehrer und **YOGA**-Schulen, die empfehlenswert sind. Im Zweifelsfall lassen Sie Yoga-Lehrer bitte mit der Quanten-Kinesiologie testen: www.Quanten-Coaching.de

> *„Ich bin wahnsinnig, ein Mittel gegen mich haben Sie nicht. Bei mir hilft auch Yoga nicht",*

meldet sich Ihr geschicktes Ego. Doch!, behaupte ich. **YOGA** ist ein Weg, um die Identifikation des Ego mit „seinen" Gedanken aufzulösen und dadurch in den Bereich des reinen Bewusstseins vorzudringen.

*„Achte auf Deine Gedanken – sie werden zu Worten.*
*Achte auf Deine Worte – sie werden zu Taten.*
*Achte auf Deine Taten – sie werden zu Gewohnheiten.*
*Achte auf Deine Gewohnheiten – sie werden zum Charakter.*
*Achte auf Deinen Charakter – er ist Dein Schicksal.*
*Damit sind Deine Gedanken Dein eigentliches Schicksal."* aus dem Talmud

# 6. You can´t stop the waves but you can learn to surf: Übungen

*„Erlaube den getrübten Wassern deiner Gedanken, sich zu klären."* Tilopa

*„Solange wir unseren Geist nicht kontrollieren können, sind wir nicht fähig, die wahre Natur der Dinge zu erkennen."* Tenzin Gyatso, 14. Dalai Lama

*„Wie Sie Ihre Hirnwichserei abstellen und stattdessen das Leben genießen."* Buchtitel von Giulio Cesare Giacobbe

*Übung 1*: Sie leiden 5 Minuten am Tourette-Syndrom

*Übung 2*: Ich als Pilot und ich als Auto-Pilot

*Übung 3*: Der Pilot beobachtet den Auto-Piloten

*Übung 4*: Homöopathische und allopathische Gedankenmedizin

*Übung 5*: Stille statt Stimme im Kopf

*Übung 6*: Hunde brauchen Herrchen – Katzen Personal - und Gedanken-Affen einen Dompteur.

*Übung 7*: Wer bin ich?

Die schlechte Nachricht diesmal zuerst: Bis an Ihr Lebensende werden Sie Ihre Gedanken bzw. Ihre Gedanken Sie begleiten.
Und jetzt die „good news": Sie können lernen, auf Ihren Gedankenwellen zu surfen. Lösen Sie sich von all Ihrem Gedankenmüll. Die Identifikation beginnt mit dem Gedanken: Ich denke! Ich bin der Denker!
Nein, Sie sind der Surfer, der elegant und gleichzeitig konzentriert die Wellen

auftauchen sieht und sich ihnen anpasst, statt unterzugehen. Wie ein Surfer **auf** den Wellen reitet, so können Sie lernen, auf Ihren Gedankenwellen zu reiten. Sie müssen nicht immerzu ins Wasser fallen bzw. in Ihren Mind-Monster-Wellen untergehen. Werden Sie geschmeidig! Surfen Sie oben auf Ihren Gedankenwellen und versinken Sie nicht in ihnen.

Sie sind die Welle und Sie sind der Ozean. Gleichzeitig!

Wie eine Welle entsteht der Ich-Gedanke. Wie eine Welle entsteht der Ich-denke-Gedanke. Als vermeintlicher Denker sind Sie diesen Gedanken ausgeliefert. Als Surfer auf den Gedankenwellen werden Sie nicht zu der Welle, nein, Sie gleiten auf ihr durch die Weiten des Ozeans. Der Ozean ohne Wellen ist das reine Bewusstsein. Wellen entstehen im Ozean, da der Ozean aus Wellen besteht. Sie sind der Ozean, so wie Sie reines Bewusstsein sind, das sich irrtümlicherweise für eine separierte Ich-denke-Gedanken-Welle hält. Lösen Sie sich aus dieser fatalen Identifikation!
Die folgenden Übungen sind Ihre Gedanken-Surf-Schule.

### *Übung 1:* **Sie leiden 5 Minuten am Tourette-Syndrom.**

Das Gilles-de-la-Tourette-Syndrom ist eine neurologisch-psychiatrische Erkrankung, benannt nach dem französischen Arzt, der zuerst über diese Symptomatik geforscht und publiziert hat. Sie sind sicherlich in Ihrem Leben schon Menschen mit Tourette-Syndrom begegnet. Das sind die armen Wesen, die daran leiden, unwillkürliche, meistens plötzlich einschießende und mitunter sehr heftige Bewegungen inklusive verbaler ungewollter Äußerungen von sich zu geben. In unserer Übung geht es nur um den sprachlichen Aspekt dieser Krankheit.
„Touretter" sprechen also ganz spontan etwas aus, was ihnen gerade so gedanklich in den Sinn kommt. Sie haben keine Kontrolle über den Vorgang von gedachten Gedanken in die sprechmotorische Umsetzung, sprich: Sie sprechen ungewollt all ihre Gedanken laut aus.

Stellen Sie sich bitte vor, alles, was Sie gerade denken, kommt ungefiltert über Ihre Lippen. Ich merke schon, wie Sie – zumindest innerlich – erblassen. Nehmen Sie bitte jeden Gedanken im Kopf wahr und setzen Sie ihn sofort in Sprache um!!! Oh je, ich spüre Ihr Entsetzen!

Wir sind uns einig: Wir benötigen für diese Übung ein stilles Kämmerlein, in dem wir uns unbeobachtet fühlen. Mit an Sicherheit grenzender Wahrscheinlichkeit würde es für uns massive zwischenmenschliche Probleme geben, wenn wir alle am Tourette-Syndrom leiden würden. Unsere Lieben und Liebsten wüssten plötzlich, was wir wirklich über sie denken.
Allerdings haben wir nicht bewusst beschlossen, zu denken: „Warum fährt der jetzt die ganze Zeit so lahmarschig vor mir her, gerade da, wo ich nicht überholen kann!?" oder: „Die Alte geht mir auf den Keks mit ihrer Selbstüberschätzung." oder: „Gottlob weiß er nicht, dass ich was mit Johannes habe. Komisch, dass er nichts merkt!"
Ihr Auto-Pilot ist also außer Rand und Band und Sie als Pilot haben keine Kontrolle über ihn. Ist der Ruf erst ruiniert, lebt es sich völlig ungeniert!
Aber so ist es ja gar nicht, auch solche Gedanken schießen plötzlich unwillkürlich, unfreiwillig in unseren Kopf ein und wir als Pilot tragen keine Verantwortung dafür. Diese Gedanken stellen sich einfach so ein. Da ist keine Instanz in unserem Oberstübchen, die sie aktiv denken will.
Um uns und unseren unfreiwilligen Gedanken auf die Schliche zu kommen, leiden wir jetzt also 5 Minuten an Tourette.

*Übung*: Lassen Sie, ohne nachzudenken, ohne zu zensieren, spontan alles verbal heraus, was Ihnen in den Kopf kommt, möglichst im authentischen Tonfall und Lautstärke. Sie können zur Not die Übung auch nur „lippig", also tonlos ausführen, das heißt, Sie formen Ihre Gedanken nur mit Ihren Lippen, ohne sie laut zu artikulieren. Wichtiger ist, dass Sie emotional dabei sind! Das bedarf, wie bereits erwähnt, eines stillen Kämmerleins, um unliebsamen Komplikationen aus dem Weg zu gehen.
Also planen wir die Übung *Nr. 1* in einem für uns realisierbaren Ausschnitt der Raum-Zeit. Wie wäre es mit dem nächsten Wochenende zwischen 14.00 und 14.05? Wenn Sie ernsthaft daran interessiert sind, sich selber auf die Schliche zu kommen, wird sich eine Zeit und ein Ort finden für diese Aktion. Eine aufschlussreiche Erfahrung wünsche ich Ihnen.

*Übung 2*: **Ich als Pilot oder ich als Auto-Pilot**

Beobachten Sie die auftauchenden Gedanken unter dem Aspekt: „Bin ich der Pilot oder der Auto-Pilot meiner Gedanken? Habe ich ein Instrument, den Auto-Piloten, eingeschaltet oder bin ich als Pilot Herr / Frau meiner Gedanken?" Diese Übung geht so:
Setzen Sie sich bitte auf einen Stuhl vor einen Tisch mit Block und Bleistift. Dann schreiben Sie stichwortartig alle jetzt auftauchenden Gedanken in dieses Raster ein:

Gedanke 1:
Gedanke 2:
Gedanke 3:
Gedanke 4:
Gedanke 5:
Gedanke 6:
Gedanke 7:
Gedanke 8:
Gedanke 9:
Gedanke 10:

Bei welchem Gedanken empfinden Sie sich als Pilot und bei welchem Gedanken als Auto-Pilot? Dementsprechend tragen Sie bitte mit einem x alle 10 oben genannten Gedanken in dieses Raster ein:

| **Pilot** | x | I | x | **Auto-Pilot** |
|---|---|---|---|---|
| | | 1. | | |
| | | 2. | | |
| | | 3. | | |
| | | 4. | | |
| | | 5. | | |
| | | 6. | | |
| | | 7. | | |
| | | 8. | | |
| | | 9. | | |
| | | 10. | | |

Sind Sie Chef/in in Ihrem Gehirn-Cockpit oder nicht?

105

*Übung 3*: **Der Pilot beobachtet den Auto-Piloten.**

Sie schauen sicherlich manchmal Krimis. Da gibt es oftmals den Kriminal-kommissar, der den Verdächtigen beobachtet. Sie als Pilot-Ich verdächtigen Ihren Auto-Piloten der „Hirnwichserei" ( von G. C. Giacobbe; und ich frage mich, ob dieses Wort vom Piloten-Giacobbe oder vom Auto-Piloten-Gia-cobbe produziert wurde?) Was aber ist, wenn der Kommissar der von ihm ge-suchte Straftäter selber ist? Sie sind Pilot und Auto-Pilot in einer Person. Sie spielen gemeinsam die Hauptrolle in Ihrem Lebensfilm. Sie tun gut daran, sich und Ihre hirninterne Schizophrenie, Ihre multiple Persönlichkeit besser kennen zu lernen. Observieren Sie sich genauer. Gehen Sie in die Position des Piloten und beobachten Sie sich als Auto-Piloten.

Der Auto-Pilot im Flugzeug rechnet und rechnet und errechnet den Flug-kurs. Der Auto-Pilot im Kopf rechnet und rechnet und errechnet damit Ihre gemeinsame Realität. Sie beide als Team bringen die Realität Ihrer Welt her-vor. Diese Welt ist nicht da-draußen – diese Welt entsteht in Ihrem Kopf. Kommen Sie als Pilot der Stimme in Ihrem Kopf auf die Spur. Der Auto-Pilot darf nicht länger under cover arbeiten, er muss enttarnt werden.

Diese **Übung** geht so:

Nehmen Sie bewusst wahr, welche Gedanken in Ihrem Kopf entstehen:
Aha, ein Gedanke:…! Wichtig? Nein! Neu? Nein! Also Tschüss!
Aha, ein Gedanke:…! Neu? Nein! Konstruktiv? Nein! Also Tschüss!
Aha, ein Gedanke:…! Angenehm, dieser Gedanke! Warum? Fühlt sich gut an, da ich mich einem anderen Menschen überlegen fühle! Wirklich akzep-tabel, dieser Gedanke? Nein! Also Tschüs!
Verabschieden Sie sich von allen Gedanken, die Ihr Auto-Pilot Ihnen ser-viert. Es sind sowieso mehr oder weniger immer die gleichen Gedanken. Wenn Sie als Pilot anfangen, Ihren Auto-Piloten zu beobachten, werden Sie 80 – 90 % seiner Gedanken als Spam aussortieren und nicht mehr als Ihre Pilot-Gedanken empfinden. Es ist leider im Gehirn wie in der Luftfahrt: Die ganze Zeit ist der Auto-Pilot aktiv und nur die schwierigen Situationen wie Start und Landung und etwas Unverhofftes rufen den Piloten auf den Plan. Überlassen Sie nicht Ihrem Auto-Piloten das Terrain. Entscheiden Sie

als Pilot, was Sie bewusst und nicht automatisch, zwanghaft, konditioniert und programmiert denken möchten. Erwarten Sie nicht einfach passiv und ausgeliefert Ihre Auto-Pilot-Gedanken. Nehmen Sie die Rolle des Piloten während des ganzen Fluges ein. Ihrem Auto-Piloten überlassen Sie zukünftig nur noch ganz bewusst den langweiligen Routinekram.

Entkommen Sie Ihrer Hirnhölle und genießen Sie Ihr Leben im Hirnhimmel.

### *Übung 4*: Homöopathische und allopathische Gedankenmedizin

Sie können Ihre Mind-Monster homöopathisch oder allopathisch behandeln. Die allopathische Methode der Schulmedizin versucht, mit „Gegengift", mit entgegengesetzt wirkenden Mitteln Krankheiten zu bekämpfen bzw. zu heilen: Chemotherapie bei Krebs, Betablocker bei Bluthochdruck, Antidepressiva bei Depressionen, Tranquilizer bei Angst- und Erregungszuständen, und bei erektiler Dysfunktion gibt es blaue Pillen mit dem Namen Viagra (Sanskrit „Tiger"). Schlucken wir bunte Pillen, um besser Farben sehen zu können? Im Falle der Heilung von Auto-Pilot-Gedanken ist das Mittel der Wahl Gedanken. Allopathische Gedankenmedizin besteht also aus „Gegen-Gedanken".

### *Allopathische Übung*: Liebe statt Hass

Bekämpfen Sie Ihre Gedanken-Gifte mit einem Gedanken-Gegen-Gift! „Gift" ist ja bekanntlich (fast) immer eine Frage der Dosierung. Ihre Gedanken können zu Ihren schlimmsten Feinden werden. Ihre Gedanken können für Sie hochgradig toxisch sein. Es gibt destruktive Gedanken und es gibt zum Glück auch liebevolle Gedanken.
Liebe als Emotion, auf der reinen Gefühlsebene, als Körper-Gedanke, ist keine wirkliche Liebe, sonst würde die Ware „Liebe" nicht so oft in Hass umschlagen. Liebe als Emotion, also als bewegter Gedanke, entpuppt sich oftmals irgendwann – zumindest zeitweise – als Gift. Einen Gegensatz zu wahrer LIEBE gibt es nicht. LIEBE kennt keine Dualität, kein Gegenteil.
Die „Ware" Liebe (Ich liebe Dich, weil ich Dich brauche. Ich liebe Dich, weil Du meine Bedürfnisse erfüllst etc.) in einer Beziehung ist meistens

eine Projektion. Emotionale Liebe ist das täuschendste und verführerischste Phänomen in der Realität und beruht auf einem Angst- und Mangelprinzip. Mir fehlt etwas und ich habe Angst vor der Einsamkeit, und All-Eins-Sein ist mir unbekannt, daher kommst DU, ja DU mir gerade recht. Das Gefühl, dass etwas fehlt, ist absolut unerträglich. DU und ICH, ICH und DU, wir müssen uns zusammenfinden, uns lieben. DU, ja DU kannst und musst meine Bedürfnisse erfüllen, dann ist die Welt in Ordnung.
Denkste!
Es kommt die Zeit der Manipulation durch Schuld. „Du hast dich verändert. Du befriedigst meine Bedürfnisse nicht mehr. Nach allem, was ich für dich getan habe! Endlich zeigst du dein wahres Gesicht. Endlich weiß ich, wie du wirklich bist. Ich bin ja so ent-täuscht." Aus Liebe wird Abneigung, Rückzug, Abkapselung – Blockaden werden errichtet, der Vorhang fällt. In den Augen des Ego ist Liebe etwas Quantitatives. Dabei kann wahre LIEBE nur etwas Qualitatives sein. Die Augen des Ego vergleichen die Objekte der Liebe. Wahre LIEBE kennt keine Objekte der Liebe, sie ist LIEBE.


Wir müssen also von der Gedanken-Liebe zur wahren LIEBE jenseits von Gedanken vordringen. Zur LIEBE als Bewusstseinszustand, als Agape, Philia und Eros in einem. LIEBE ist dann der Zustand eines erweiterten Bewusstseins.
Sie haben oftmals Gedanken des Hasses, der Wut, der Aggression und alle diese Gedanken-Emotionen können sich gegen andere Menschen, aber auch gegen die eigene Person richten. Diese Übung bewirkt, dass diese Gedanken-Gifte in Gedanken der Liebe transformiert werden. Bekämpfen Sie Ihre toxischen Gedanken mit liebevollen Gedanken. Werden Sie sich bitte bewusst, dass Ihre toxischen, Ihre giftigen Gedanken Ihnen sehr schaden. Auch wenn die Wut, der Hass und die Aggression, rational vom Verstand betrachtet, total berechtigt scheinen, sie schaden Ihnen mental, psychosomatisch und spirituell enorm. Es ist also in Ihrem eigenen Interesse, Hass-Gedanken in liebevolle Gedanken zu verwandeln, und zwar so lange, bis aus den liebe-vollen Gedanken der Bewusstseinszustand LIEBE wird.
Zuerst werden allopathisch destruktive Gedanken mit liebevollen Gedanken „bekämpft", dann wird aus den liebevollen Gedanken der Bewusstseinszustand LIEBE. Bewusstsein geht weit über Denkprozesse hinaus.

**Hier die allopathische Übung:**

Setzen Sie sich bequem hin und schließen Sie Ihre Augen. Lassen Sie einen Menschen in Ihrem Verstand auftreten, der Ihnen Ihrer Meinung nach Unrecht getan hat. Lassen Sie Ihre Gedanken um diesen Menschen und die schrecklichen Ereignisse kreisen, bis Sie in Rage sind: „Ja, ich habe recht, wenn ich ihn/sie verabscheue! Ja, ich darf sie/ihn hassen, weil sie/er bösartig ist! Was er/sie mir angetan hat, ist eine bodenlose Frechheit!" Spüren Sie bitte in Ihrem Körper nach, wo sich diese negativen Gedanken-Gefühle manifestieren. Sitzen Sie im Oberbauch? Sticht es in der Herzgegend? Macht sich eine Niere bemerkbar? Drückt der Unterleib?
Suhlen Sie sich in Ihrem Hass, in Ihrer Wut, in Ihrer Aggression! Nun legen Sie bitte die Hände auf die Stelle, die am meisten zwickt. Atmen Sie ruhig und langsam, ganz langsam in diese Gegend Ihres Körpers. Konzentrieren Sie sich auf Ihre Atmung. Atmen Sie eine Weile langsam und bewusst in Ihre Wut, in Ihren Hass, in Ihre Aggression. So lange, bis diese Hassgefühle milder und schwächer werden, bis ein neutraler oder auch positiver Gefühlszustand eintritt.
Stellen Sie sich jetzt vor, Sie gehen mit dem Objekt Ihres Hasses bei strahlendem Sommerwetter am Meer spazieren. Die Wellen rauschen, die Sonne strahlt gelb bis orange. Ein leichter angenehmer Wind umstreichelt Ihren Körper. Sie legen Ihre Hände auf Ihre Brust und atmen langsam und tief in Ihre Hände. Sie genießen die Sonne, den Wind, das Wasser, das Meeresrauschen. Sie suchen ihre/seine Hand und gemeinsam gehen sie Hand in Hand der Sonne entgegen.

**Hier die homöopathische Übung:**

Die Homöopathie geht von der Annahme aus, dass „Ähnliches durch Ähnliches geheilt werden kann". Diesen Grundsatz (similia similibus curentur) vertrat der Begründer der Homöopathie, der deutsche Arzt Samuel Hahnemann. Das Ähnlichkeits- oder Simile-Prinzip besagt, dass eine Krankheit durch ein Mittel geheilt werden kann, dass Symptome dieser Krankheit hervorrufen kann. Die Entwicklung dieses zentralen Prinzips der Homöopathie geht auf einen Selbstversuch Hahnemanns zurück, durch den er herausfinden wollte, wie die damals schon als Mittel gegen Malaria bekannte Chinarinde wirkt. Hahnemann nahm als gesunder Mensch Chinarinde ein und beobachtete an sich das vorübergehende Auftreten von Symptomen, die denen der Malaria ähnelten. Daraufhin vermutete er, dass eine solche Fähigkeit möglicherweise ursächlich für die Heilwirkung der Chinarinde bei Malaria sei. Diese Mittel werden allerdings nicht in reiner, sondern in potenzierter Form eingenommen. Unter Potenzierung ist die starke Verdünnung der Substanzen zu verstehen. Die Mittel werden durch stufenweise durchgeführtes Potenzieren aus Urtinkturen (pflanzlichen, tierischen, mineralischen oder chemischen Ursprungs) und aus Verdünnungsmitteln, wie z. B. Alkohol, Wasser oder Milchzucker, hergestellt.

*Potenz D 1* ist eine Verdünnung von 1 : 10 – das entspricht durchschnittlich einem Tropfen auf das Volumen einer Erbse.
*Potenz D 6* ist eine Verdünnung von 1 : 1 Million – das entspricht einem Tropfen auf den Inhalt einer kleinen Mülltonne.
*Potenz D 30* ist eine Verdünnung von 1 : 1 Quintillion – das entspricht einem Wassermolekül in einem Tanklastzug.
*Potenz D 78* entspricht einem Wassermolekül im gesamten Universum.

Woran leiden Sie? Sie leiden an sich und Ihrem Verstand! Verdünnen Sie also Ihr Ego. Potenzieren Sie Ihren Verstand! Mit Ego-Gift in Hochpotenz befreien Sie sich von Ihrem Ego. Verstandes-Gifte in Hochpotenz befreien Sie von sich, von Ihren Mind-Monstern. Und bitte nie vergessen: Ihr Verstand funktioniert nur auf der Matrix des Ich-denke-Gedankens.

Wir beginnen jetzt mit der Potenzierung Ihres Verstandes. Erst einmal ist da das Ego, Ihr Ich-denke-Gedanke ohne Verdünnung. Sie sind sich so ganz unverdünnt, so richtig massiv, oftmals selber eine Last. So richtig voll im Ego zu sein bedeutet, auch sehr angreifbar und anfällig zu sein, denn jeder Ego-Kratzer schmerzt. Die Ego-Droge Wichtigkeit zieht nicht immer. Das Ego macht mehr Probleme, als es Befriedigung und Glück beschert. „Ich muss mich verdünnen. Vielleicht halte ich es dann besser mit mir aus", sagen Sie sich. Einsicht ist der erste Schritt zur Heilung.

Achtung, die homöopathische Übung beginnt **jetzt**:

Wir gehen zuerst in die Ego-Potenzierung von D 6.
Stellen Sie sich bitte vor, Sie sind ein Tropfen in einer kleinen Mülltonne. Sie sind nicht mehr Ihr Ego in Reinkultur. Sie sind ein Tropfen in Ihren eigenen Gedankengalaxien. Und **jetzt** entsorgen Sie bitte Ihren Gedankenmüll, denn dafür ist die Mülltonne da. Lassen Sie Ihre Gedanken aus Ihrem Gehirn in die Mülltonne strömen. Dann lassen Sie Ihre Gedanken aus der offenen Mülltonne herausströmen in die Weite des Universums. Ihre Gedanken werden dünner und dünner und verschwinden schließlich im unendlichen Raum des Seins. Lassen Sie sich für die einzelnen Phasen der Übung jeweils so viel Zeit, wie Sie brauchen, damit es sich stimmig anfühlt. Immer wenn Ihre Mind-Monster Sie so richtig im Griff haben und Sie foltern, stellen Sie sich bitte vor, wie Sie und Ihre Gedanken sich verdünnisieren, bis Sie bzw. sie die *D 6-Potenz* erreicht haben:

Aber die Potenzierung, die Übung, geht weiter! Wir schreiten jetzt zur *D 30-Potenzierung*. Sie und Ihre Gedanken sind so groß bzw. klein wie ein Tropfen in einem Tanklastzug mit Wasser. Lassen Sie Ihre Gedanken aus Ihrem Gehirn in den Tanklastzug strömen. Dann lassen Sie Ihre Gedanken aus dem Tanklastzug in die Weite des Universums strömen. Ihre Gedanken werden dünner und dünner und dünner und verschwinden im unendlichen Raum des reinen Bewusstseins. Jetzt schreiten wir zur *D 78-Potenzierung*. 1 : 1 Tredezillion, d. h., Sie entsprechen einem Wassermolekül im gesamten Universum. Können Sie sich das noch vorstellen?
Die schlechte Nachricht:
Sie sind nur ein Wassermolekül im Universum.
Die gute Nachricht:
SIE sind das Universum.

### *Übung 5*: **Stille statt Stimme im Kopf**

Der Verstand ist der Regierungssprecher. Der Verstand ist die Stimme in Ihrem Kopf. Die Regierung ist das reine Bewusstsein. Das reine Bewusstsein ist die Stille. Wenn Ihre Gedanken-Stimme in Ihrem Kopf zur Ruhe kommt, dann tritt dieser wundervolle, friedvolle Moment der Stille ein.

Die Stille-statt-Stimme-**Übung**:

Setzen Sie sich bequem hin und lauschen Sie Ihrer Gedanken-Stimme im Kopf. „Once upon a time...", erzählt Sie Ihnen vielleicht gerade eine Geschichte aus Ihrer Vergangenheit.
Was alles schon so passiert ist im Laufe Ihrer Lebensgeschichte: schwierige Geburt, durchwachsene Kindheit, grenzwertige Eltern, strenge Pädagogen, untreue Partner, ungerechte Chefs, aufsässige Kinder, kranke Eltern, burnout, diverse Zipperlein... – Ihre persönliche Biographie hat es in sich! Ärger noch und „nöcher", Ängste jeder Art, Hass aller Couleur, Ent-Täuschungen, aber auch Verliebtheit, Entzücken, Begeisterung, Lebensfreude. *„Ich habe schon viel erlebt im Leben, gottlob ist nicht alles eingetroffen."* (sinngemäß nach Mark Twain) sagen Sie sich und fangen an, Ihr Gedankendrama zu durchschauen.

Nehmen Sie sich ca. 10 – 15 Minuten Zeit.

Reflektieren Sie, was in Ihrem Leben wirklich geschehen ist. Antizipieren Sie, was in Ihrem Leben noch passieren könnte/wird. Vieles, was noch geschehen könnte, wird nicht eintreffen. Vieles, was noch geschehen wird, wird Sie bereichern. Vieles, was Sie einmal glücklich gemacht hat, lässt Sie heute kalt. Vieles, was Ihnen damals als Unglück erschien, erwies sich dann als gar nicht so tragisch.
*„Es gibt zwei Katastrophen im Leben. Die Nichterfüllung eines Herzenswunsches und die Erfüllung eines Herzenswunsches"*, sagt ein chinesisches Sprichwort.

Machen Sie sich jetzt eine Liste: Was würde mich in der Zukunft tief unglücklich machen? Was darf warum auf keinen Fall Realität werden?

*Teil 1*: **Vergangenheit**:

Schwelgen Sie in der Vergangenheit. Machen Sie sich bewusst, dass die Vergangenheit *jetzt* in Ihrem Kopf entsteht. Nehmen Sie Abschied von Ihrer hirngemachten Vergangenheit. Diese Vergangenheit ist nur ein Gedanke. Sie ist noch ein Rauschen im Hinterkopf, da sie zu Ihrem Leben gehört, aber nicht mehr. Sie hat keine Macht mehr über Sie. Das weiße Rauschen der Vergangenheit wird zu einer Stille im Kopf. Da ist nichts als Ruhe, da ist nur noch Stille.

*Teil 2*: **Zukunft**:

Stellen Sie sich Ihre Zukunft vor. Machen Sie sich bewusst, dass die Zukunft *jetzt* in Ihrem Kopf entsteht. Nehmen Sie Abschied von Ihrer hirngemachten Zukunft. Diese Zukunft ist nur ein Gedanke. Sie ist nur noch ein Rauschen im Hinterkopf. Sie kann keine Macht über Sie haben, da sie ein Gedanke ist. Da ist nichts als Ruhe, da ist nur noch Stille.

*Übung 6*: **Hunde brauchen Herrchen - Katzen Personal – und Gedanken-Affen einen Dompteur.**

Sie erinnern sich: Der Monkey-Mind. In Indien werden Affen gefangen, indem man Tonkrüge mit Erdnüssen aufstellt. Diese Krüge haben einen engen Hals, so dass der Affe mit einer Hand gerade noch hineingreifen kann. Wenn er die Hand mit den Nüssen aus dem Krug herausziehen will, müsste er die gefüllte Faust öffnen und die Erdnüsse in den Krug zurückfallen lassen. Das tut er aber nicht, selbst wenn er in Gefahr gerät. Ähnlich geht es Menschen, die von ihren Gedanken gefangen genommen, ja gequält, werden.

*„Zu denken, dass ich nicht mehr an Dich denken will, bedeutet immer noch, an Dich zu denken. So will ich versuchen, nicht mehr zu denken, dass ich nicht mehr an Dich denken will."* Margrit Moeser

Wird das klappen? Kennen Sie derartige Gedanken? Ihr Monkey-Mind kann seine affigen Gedanken einfach nicht loslassen. Schicken Sie also Ihren Monkey-Mind in die Hunde-Schule. Das klingt widersprüchlich, ist es aber nicht, da Ihr Monkey-Mind Hunde-Natur hat, so wie Sie als Gesamtkunstwerk Buddha-Natur oder Christus-Bewusstsein haben, nur sind diese durch den Lärm des Monkey-Mind, der seine Hand nicht aus der Flasche bzw. seine Gedanken nicht aus seinem Gehirn bekommt, überdeckt. Hunde brauchen Herrchen und Katzen Personal und Gedanken-Affen brauchen einen Gedankendompteur. So viel steht fest. Ihr Monkey-Mind ist vergleichbar mit einem herrenlosen Hund, der in der Gegend herumstreunt. **Hunde brauchen Herrchen**: „Er füttert mich. Er bürstet mich. Er geht mit mir Gassi – ER muss ein Gott sein!" So schlussfolgert der Hunde-Verstand. Am Anfang wird sich Ihr Monkey-Mind der Führung eines/seines „göttlichen" Herrchens widersetzen, aber da er Sie letztlich für einen Gott hält, wenn Sie ihn richtig erziehen, wird es schon klappen mit der Beruhigung Ihres Monkey-Minds. Die Hunde-Schule für Ihren Verstand ist einfach: Nach dem anfänglichen Widerstand und sogar einer gewissen Ignoranz werden Sie Ihren Verstand dazu bringen, Ihnen zu gehorchen, denn Hunde brauchen Herrchen und selbst Affen lassen sich dressieren. Es nützt Ihnen gar nichts, Ihren inneren Schweine-Hund zu schlagen, das erweckt nur Gegendruck. Nein, worauf es ankommt, sind klare, ruhige und ständig wiederholte Befehle an den Hund, sprich den Verstand. Allmählich versteht Ihr hündischer Affen-Verstand, dass er einen „Herrn" hat, und er wird gehorchen.

*Die* **Hunde-/Affendressur**-*Übung:*

Setzen Sie sich bequem hin, und achten Sie sehr aufmerksam auf die auftauchenden Gedanken und, wie Sie sie bewerten:

Hunde brauchen Herrchen bzw. Frauchen.

114

„Dieser Gedanke ist Gift für mich."
„Dieser Gedanke ist Routine und blockiert meinen Speicher."
„Dieser Gedanke ist verlogen."
„Dieser Gedanke ist kitschig."
„Dieser Gedanke ist mir peinlich."
Registrieren Sie all diese Gedanken.
Schlagen Sie nicht auf die destruktiven Gedanken ein, sondern geben Sie Ihrem Verstand den Hundeschulen-Befehl: „Aus! Ihr seid nicht willkommen. Ich lege Euch an die Leine." Sie legen jeden einzelnen Ihrer Gedanken an eine Gedanken-Leine und führen ihn aus Ihrem Verstand heraus. Lösen Sie die Leine und schauen Sie zu, wie der Gedanke sich entfernt und sich langsam in NICHTS auflöst. Jetzt ist da ein Moment der Stille. Alles ist in Ordnung. Doch da ist der nächste Gedanke. Wo ist die Leine? Da! Schauen Sie ihn aufmerksam an, legen Sie ihm eine Leine um den Hals und führen Sie ihn Gassi! Führen Sie ihn aus Ihrem Kopf heraus in die Weite des Bewusstseins. Lösen Sie die Leine und schauen Sie zu, wie der Gedanke sich entfernt und sich langsam in NICHTS auflöst.

**Katzen brauchen Personal.** „Sie füttert mich. Sie bürstet mich. Sie streichelt mich – ICH muss ein Gott sein."

*Die Katzen-Übung geht so:*

Legen Sie sich so wie eine Katze vor ein Mauseloch vor Ihren Verstand und beobachten Sie das Auftauchen von Gedanken-Mäusen. Es ist zum Mäusemelken! Sie kommen in Massen herausgeströmt aus dem Mauseloch. Aber erinnern Sie sich: Sie sind eine Katze und ganz heiß darauf, alle Gedanken-Mäuse aufzufressen, die aus dem Mäuse-Gedanken-Loch herausspringen: Schwuppdiwupp und Ihr Bewusstsein hat die Gedanken-Mäuse verputzt. Ja, Sie werden mit Ihren Gedanken fertig, da Sie sie verputzen. Lassen Sie jeden Gedanken auf der Zunge zergehen. Verspeisen Sie jeden Gedanken genüsslich. Kauen Sie langsam, ganz langsam auf jedem Gedanken herum. Schlucken Sie Ihren Gedankenbrei herunter. Er wandert in den Magen und wird zersetzt. Er wandert in den Darm und wird ausgeschieden. „Ich muss ein Gott sein", sagen Sie sich. „Ich werde mit meinen Gedanken fertig!" Ja,

**115**

Katzen brauchen Personal.

Sie sind göttlich und daher sind Sie Katze und Personal gleichzeitig. Sie sind ein materielles Wesen auf dieser Erde und Sie sind gleichzeitig zeitloses reines Bewusstsein. Verputzen Sie all Ihre Mind-Monster. Ihr Gedankenstoffwechsel wird mit Hilfe des reinen Bewusstseins mit jedem Gedanken fertig. Was bleibt, ist reines Bewusstsein – ungetrübt vom Müll des Verstandes.

Jenseits des Denkens liegt die Unendlichkeit.

Oder hier?

Als Katze sind Sie göttlich, als Personal spielen Sie Ihre Rolle in diesem Ihrem Leben. Als sterblicher Mensch sind Sie menschlich, als unsterbliche Seele sind Sie göttlich. „Wisset Ihr nicht, dass Ihr Götter seid?", heißt es in der Bibel.

*Übung 7*: **Wer bin ich**?

Der erste Gedanke, der im Verstand auftaucht, ist der Ich-Gedanke.
Frage: Wem kommt der Ich-Gedanke? „Mir! Bin ich zwei? Ich und meine
Gedanken?" Fragen Sie sich bei **jedem** Gedanken, der auftaucht: „Wem
kommt dieser Gedanke?" Fragen Sie sich daraufhin: „Wer bin ich?" Zerstören
Sie Ihr Ego, indem Sie nach seiner Identität fragen: „WER BIN ICH?"
Wenn Ihr Verstand unaufhörlich nach seiner eigenen Natur fragt, dringt
allmählich durch, dass es so etwas wie den Verstand gar nicht gibt. Solange
Ihr Verstand aktiv ist, denken Sie, dass es Sie gibt.
Denkste!
Der Verstand bringt durch Gedanken die Illusion des Denkers hervor. Der
Verstand ist der „Ich-Gedanke". Der Verstand fragt nach sich selbst. Der
Verstand lässt alle Gedanken erscheinen. Doch ohne Gedanken gibt es kei-
nen Verstand. Ohne Verstand gibt es keinen Denker. Forschen Sie nach
Ihrem Ego wie ein Hund nach seinem Herrn. Der Geruch des Herrchens
ist für den Hund ein untrügerischer Hinweis auf seinen Herrn, so wie Ihre
Gedanken der scheinbar untrügerische Beweis für Sie, für Ihre „persona", für
Ihr Ego sind. Beschnuppern Sie Ihre Gedanken. Wo kommen Sie her? Wie
habe ich sie produziert? Wie fühlen sie sich an? Wohin gehen sie?

Sie fühlen sich wie Ihre Gedanken an. Ihre Gedanken riechen nicht nur nach
Ihnen, Sie und Ihre Gedanken sind identisch. Das Ego ist der Ich-Gedanke.
Der Ich-Gedanke ist das Ego.
Ihre Identifikation mit Ihren Gedanken bringt das Gefühl der Ich-Identität
hervor. Weil der Ich-denke-also-bin-ich-Gedanke die einzige Grundlage
Ihrer Ich-Erfahrung ist, ist die Suche nach der Quelle, der Matrix des Ich-
Gedankens, die Erlösung.

**Willkommen zu Hause!**
**Willkommen in der Freiheit!**
**Willkommen im reinen Bewusstsein!**

# Exkurs: YOGA und Meditation als Gehirnmedizin

*„Meditation zeigt den inneren Frieden, der bereits in uns wohnt. "*
Tenzin Gyatso, 14. Dalai Lama

*„Meditation und mentale Disziplin führen zu grundlegenden Veränderungen im Gehirn. "* Eckart von Hirschhausen

*„Yogas-chitta-vritti-nirodha"* Patanjali

Ein Philosoph namens Patanjali soll in der Zeit zwischen dem 6. Jahrhundert vor Chr. und dem 2. Jahrhundert nach Chr. die „Yoga-Sutras" (Sanskrit: Leitfaden) geschrieben haben, indem er ältere Texte zusammengefasst und geordnet hat. Die Yoga-Sutras des Patanjali gelten auch heute noch als der wichtigste Quellentext des Raja-Yoga, des königlichen Yoga der Geisteskon-

Yoga: Vereinigung des relativen mit dem absoluten Bewusstsein.

trolle. Ja, so unterschiedlich sind die Zeit-Gedanken der Yoga-Forscher tatsächlich: 6. Jahrhundert vor bis 2. Jahrhundert nach Christus. Wenn wir die Zeit als Hirnkonstruktion - als Gedanke - entlarvt haben, spielt das auch keine Rolle mehr. Als das entscheidende YOGA-Sutra gilt Kapitel 1, Vers 2. von insgesamt 195 Sutras, da an dieser Stelle definiert wird, was die Grundaussage des YOGA ist:

„Yogas-chitta-vritti-nirodha"

(Entschuldigen Sie, wenn ich Ihnen kurz Sanskrit zumute, aber diese Sprache hat es in sich und wir alle kennen eine Vokabel aus dem Sanskrit, nämlich „Viagra", (Vyagra), was so viel heißt wie „Tiger". Ist das passend!?!)

„Yogas-chitta-vritti-nirodha" sagt aus, das YOGA die Gedankenwellen (chitta-vrtti) vernichtet (nirodhah) und so den Geist vollkommen zur Ruhe bringt.

Das Sanskritwort „chitta" bedeutet Geistmaterie und meint den Verstand als Instrument des Bewusstseins: „chit" ist das Bewusstsein – „chitta", das materielle Geistorgan Gehirn, ist der Bote des Bewusstseins. Hier wird deutlich, dass das menschliche Gehirn als materielle Struktur ein Instrument des Bewusstseins ist. Das Gehirn mit seinem Verstand ist das Organ, mit dem wir denken, dass wir denken, denn die Impulse der Denkprozesse kommen aus dem reinen Bewusstsein.

*„Wirksamer als die äußeren Formen – Dinge und Körper – sind die Gedankenformen, die kontinuierlich im Feld des Bewusstseins aufsteigen."*
Eckhart Tolle

Genau dort, an der Nahtstelle von reinem (absoluten) Bewusstsein und relativem (empirischen) Bewusstsein, setzen YOGA und Meditation an. Meditation ist ein Aspekt des YOGA, kann aber andererseits als etwas Eigenständiges betrachtet werden und auch Kontemplation genannt werden. YOGA (Sanskrit „Vereinigung, Joch") richtig verstanden ist die Vereinigung des individuellen mit dem absoluten Bewusstsein. Davon ist bei dem Wellness-Yoga im Fitnessstudio oder dem Pop-Yoga im Volkshochschulkurs in der

Regel wenig zu spüren. Yoga ist weitgehend verkommen zu einer Wohlfühl-Gymnastik. Sehr schade!

YOGA als Vereinigung des relativen mit dem absoluten Bewusstsein beinhaltet viel mehr als Asanas (Körperübungen) und Pranayama (Atemübungen). Stellen Sie sich vor, Ihr kleines empirisches Ego-Bewusstsein verschmilzt mit dem Göttlichen! Eine wunderbare Idee, eine phantastische Erfahrung!

YOGA geht den Weg von der Theorie in die Praxis und umgekehrt, denn nichts ist praktischer als eine gute Theorie. Die YOGA-Theorie wird Jnana-YOGA genannt, YOGA der Erkenntnis. Entscheidend für den YOGA ist die Annahme, dass es – scheinbar – zwei Kräfte gibt, aus deren Dualität alles Leid dieser Welt entsteht. Die eine Kraft ist das relative Bewusstsein des Menschen, also sein Denken (vritti) mittels des Verstandes (chitta). Die andere Kraft ist das reine Bewusstsein (chit). Das reine, das absolute Bewusstsein blickt durch das relative, das empirische Bewusstsein in die Welt, ja, es lässt die Realität dieser Welt durch sein Schauen entstehen.

*„Jetzt seht ihr es durch einen Schleier"*, heißt es analog dazu in der Bibel. Im Sanskrit wird, wie bereits ausgeführt, dieser Schleier „Maya", die kosmische Illusion genannt. Die daraus resultierenden Leiden können erst dann aufgehoben werden, wenn sich das relative Bewusstsein nach innen wendet, z.B. durch YOGA, Meditation, Kontemplation; sich läutert und klärt, bis es schließlich zu einer Vereinigung mit dem absoluten Bewusstsein kommt. Während Sie sich als „Persona" für ein Subjekt halten, sind SIE in Wirklichkeit das SELBST, das SUBJEKT; die Singularität, Brahman, Gott, Tao.

*„Wenn ich nicht wäre, wäre Gott nicht",*

so hat es der christliche Mystiker Meister Eckhart formuliert. YOGA und Meditation wollen also nicht mehr und nicht weniger als die Auflösung des Ego in Gott, als die Vereinigung des Ego mit Gott, das Aufgehen des Ich in der göttlichen Quelle! Die Einheit, die Nicht-Dualität von Schöpfung und Geschöpf, von Schöpfer und Schöpfung soll erfahren werden.

Ein hoher Anspruch, der nur dann durch YOGA und Meditation bzw. Kontemplation erreicht werden kann, wenn so etwas wie „Gnade" mit im Spiel ist.

*„Denn ich kann nichts von mir aus tun",*

erkannte auch Jesus von Nazareth. Das Ich, das Ego, kann diese Vereinigung nicht willentlich erreichen. Dieser Gedanke führt sich selber ad absurdum. Ich empfehle Ihnen YOGA und Meditation bzw. Kontemplation als Gehirnmedizin, da dieser Weg auch wissenschaftlich verifiziert ist. Sie heilen sich von sich selbst – was könnte entspannter, was könnte spannender sein? Sie sind frei von sich selbst und genießen das Glück Ihres Lebens, denn Sie und Ihr Leben sind eins.

Meditation: Endlich Stille im Kopf.

# 7. „All you need is love"

Buddha, Jesus und den Beatles sei Dank für diese Erkenntnis.

Liebe ist das wichtigste Thema für jeden Menschen, ob er oder sie es nun wahrhaben will oder nicht. Wir alle haben eine unbändige Sehnsucht nach Liebe auf allen Ebenen des menschlichen Da-Seins. Liebe nicht verstanden als hormoneller Irr-Sinn, sondern als den tiefsten, reinsten Bewusstseinszustand, den es gibt. Immer, wenn es uns gut geht und wir glücklich sind, berührt uns die Liebe.

Liebe ist eine kosmische Kraft, und wer an sie glaubt, kann Berge versetzen.

Liebe versteht alles, Liebe duldet alles, Liebe vergibt alles.

Aber Liebe können wir – wie die körperliche Liebe – nicht machen! Sie ist die Grundschwingung des Universums, die Grundstruktur des Kosmos, das, was meistens mit dem Wort „**GOTT**" gemeint ist. Deshalb ist es wichtig, das Herz für die Liebe zu öffnen, um das größte Geschenk des Lebens zu erfahren.

> *„Gott ist die Liebe, und wer in der Liebe bleibt, bleibt in Gott und Gott bleibt in ihm."* Johannes 4, 166

> *„Geliebt und verstanden werden ist das größte Glück."* H. de Balzac

> *„Vater, in Deine Hände lege ich meinen Geist."* Jesus von Nazareth

Daher kommen wir JETZT zu der Gleichung aller Gleichungen (Sorry Albert, aber dagegen ist auch $E = mc^2$ nur von dieser Welt und damit relativ):

REINES BEWUSSTSEIN/GOTT/TAO/JAHWE = LIEBE

REINES BEWUSSTSEIN/GOTT/TAO/JAHWE = LIEBE
„Und der Geist Gottes schwebte über den Wassern."

# Epilog: Ich leide nicht an Realitätsverlust – ich genieße ihn.

*„Verwechsle das Instrument nicht mit dem Benutzer des Instruments.*
*Das Gehirn ist das Instrument, der Benutzer des Instruments*
*ist das unendliche Sein. "*
Deepak Chopra

Sie leiden nicht **an** Realitätsverlust, wenn Sie in der wirklichen Wirklichkeit, dem reinen Bewusstsein, angekommen sind. Sie leiden nicht **am** Realitätsverlust, da Sie den „Aberglauben Materialismus" durchschaut haben. Sie leiden nicht mehr an sich selbst, da Sie sich als Gedankenkonstrukt erkannt haben.

*Fake* – aber nicht „fake for real."
Halten Sie die relative Realität nicht mehr für die absolute Wirklichkeit!

*„Denke nicht, du denkst,*
*denn Du denkst ja nur, du denkst,*
*denkst, gedacht zu haben,*
*doch das Denken von Gedanken ist gedankenloses Denken. "*
Barbara Lemke

# Glaube nicht alles, was du denkst!

# Sutra – Das Gehirn in Zahlen

10hoch14 Bits Informationen.

*„In einem einzigen Kubikzentimeter der Hirnrinde befinden sich nicht weniger als hundert Millionen Neuronen, und da jedes Neuron über mindestens tausend Synapsen zu den umliegenden Neuronen verfügt, gibt es pro cm³ ungefähr 1000 000 000 000 (10¹¹) Synapsen, die Verbindungen zu Ausläufern aus anderen Teilen der Hirnrinde herstellen. Dies macht hochgerechnet auf das gesamte Gehirn ungefähr 10¹⁴ Synapsen. Wenn jede Synapse ein einziges Bit Information enthielte, bedeutete dies, dass für das Funktionieren des Gehirns mehr als 1000 000 000 000 000 (10¹⁴) Bits Information verarbeitet werden müsste, und das ist weit mehr, als die menschliche DNA, unser genetischer Code, nach heutigen Erkenntnissen enthalten kann. Aus diesem Grund kann Bewusstsein also nicht in der DNA gespeichert sein, und damit wird es äußerst unwahrscheinlich, dass ein genetisch festgelegtes Bewusstsein im Körper existiert.“* P. van Lommel

Das Gehirn als Masse reicht also nicht aus, um alle Informationen zu verarbeiten und zu speichern. Wir müssen uns eine andere Dimension als Materie vorstellen: Das **FELD**!

# Sutra – Gedanken in Zahlen

Individuelle und kollektive Gedanken.

Circa 60.000 Gedanken erscheinen pro Tag im Gehirn, also ca. 40 mehr oder weniger automatische, zwanghafte, unfreiwillige, unwillkürliche Gedanken pro Minute. 95 % davon sind alte, im nicht-lokalen Bewusstseins**feld** gespeicherte Informationen, die sich immer wieder aufs Neue manifestieren, also zu Gedanken-In**form**ationen werden.

*„Selig, die arm im Geiste, denn ihrer ist das Himmelreich."*
Jesus von Nazareth

127

# Sutra – ICH

„Wer bin ich und wenn ja, wie viele?" R.D.Precht

Alzheimer light? Auch das Ich kann vergessen werden, da es ein Gedanke ist.

**ICH**:
Das Gefühl, eine Person, ein Individuum, ein menschliches Wesen zu sein. Das Empfinden, Copyright © und Rechtsschutz ® auf mich und meine Gedanken zu haben. Die Überzeugung, freie Gedanken und einen freien Willen zu haben. Das Wissen, einen Körper zu haben. Der Ich-Gedanken-Filter ist eine Art „Firewall" (Brandschutzwand) und verhindert, dass das Ich in „Flammen" aufgeht und die Illusion, eine separate Person zu sein, niederbrennt.

*„Das Ich ist der älteste Glaubensartikel."* Friedrich Nietzsche

# Sutra – Die Entwicklung des Ich-Gedankens

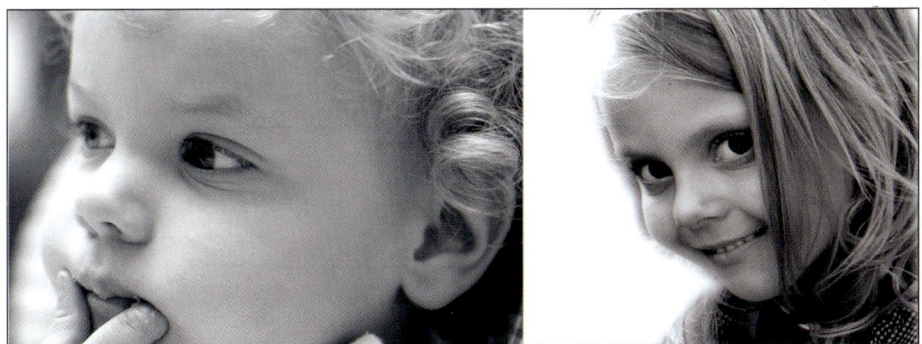

Julian denkt…                                                          „Ich bin Julia."

„Ich denke, also bin ich ein Mind Thinker!"

129

# Sutra – Der Körper des Menschen

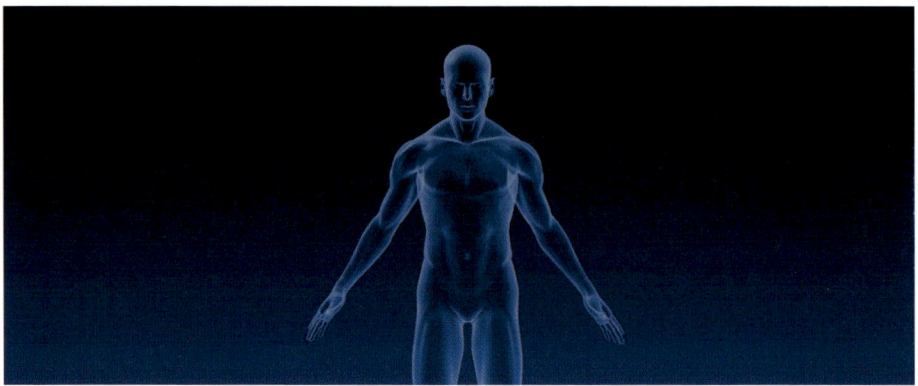

Materie ist verdichtete Energie.

Der materielle Körper des Menschen ist ebenso wie alle Masse/Materie keine „feste Substanz", sondern in Feldern eingebundene Energie und damit ist auch die Kontinuität des sich wandelnden Körpers erklärbar. Jedes Jahr ist der Körper „runderneuert" und auch der genetische Code (DNA) ist materiell betrachtet alle 6 Wochen „neu". Die Substanz verändert sich – zeitlich gesehen – permanent und doch bleibt das Muster, bleiben die Informationen erhalten. Das Informationsfeld des Körpers ist nicht-materiell.

Die DNA ist nicht selber Träger des Erbmaterials, besitzt aber die Fähigkeit, Informationen zu empfangen und materiell zu manifestieren (Epi-Genetik). Jede menschliche Zelle mit einem Durchmesser von weniger als einem tausendstel Zentimeter speichert in ihrer DNA so viele Informationen wie 1000 sechshundertseitige Bücher.

### Exkurs: Sexuelle Energie

*„Der Unterleib ist der Grund dafür, warum der Mensch Mühe damit hat, sich als Gott zu betrachten."* Friedrich Nietzsche

*„Herr, gib mir Keuschheit und Enthaltsamkeit, nur gib sie nicht schon jetzt."* Hl. Augustinus

130

# Sutra – Emotionen

Emotionen (lat. emovere „herausbewegen") sind Gedanken, die sich aus dem Gehirn in den Körper „bewegen". Gefühle sind auf psycho-somatischer Ebene biochemisch-physikalische Signale des Informationsaustausches zwischen dem Gehirn und dem restlichen Körper. Der Emotional-Körper ist ein psycho-physisches **Feld**, bestehend aus dem emotionalen und dem mentalen **Bewusstseinsfeld**, die miteinander korrelieren.

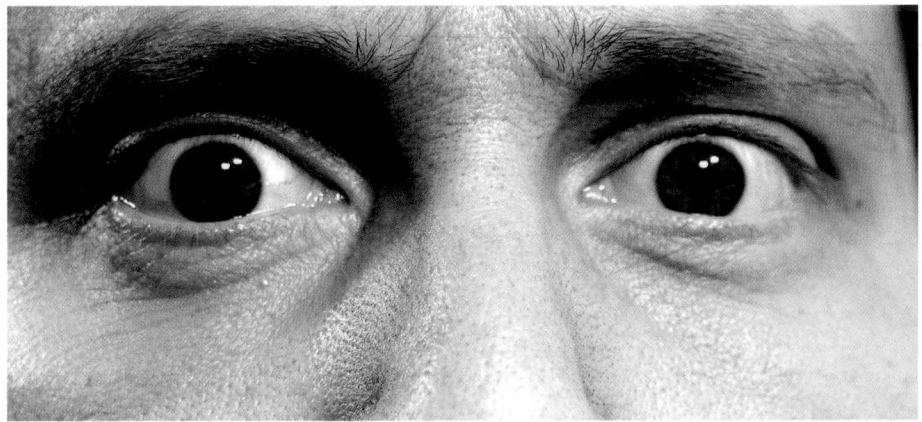

# Sutra – Materie

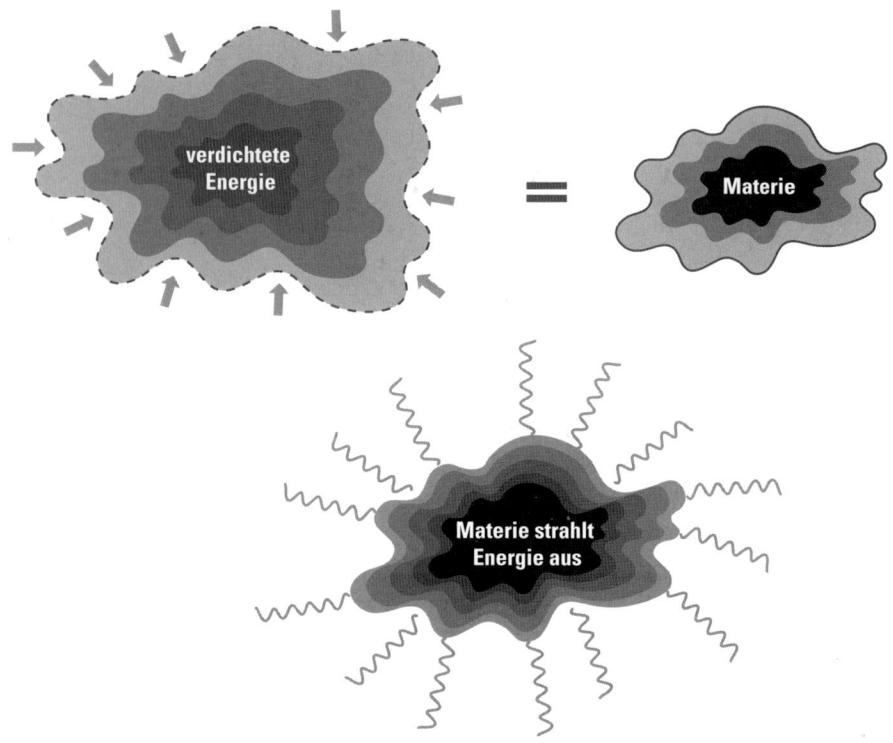

Materie besteht zu 99,99 % aus leerem Raum. Materie ist verdichtete Energie. Unsere Wahrnehmung von Materie als fester Substanz korreliert mit unserem Gehirn, d. h. mit unserem Verstand. Das Gehirn „errechnet" die materielle Welt. Materie ist in Feldern eingebundene Energie.
Materie und Energie sind äquivalent: $E = mc^2$.
Jede Form von Materie besteht aus Energie und strahlt diese Energie auch ab.

> „Durch die moderne Physik hat sich der Materialismus selbst überwunden."
> Sir Karl Popper

132

# Sutra – Welt, Schöpfung, Universum

Spiralgalaxie im unendlichen Universum.

*„Die menschliche Dummheit und das Universum sind unendlich, nur beim Universum bin ich mir noch nicht sicher."* Albert Einstein

Die Welt, die Schöpfung, das Universum sind unendlich differenzierte – scheinbare – „Aufspaltungen" des einen reinen Bewusstseins in – scheinbar – einzelne Bewusstseinsinstanzen, die sich gegenseitig wahrnehmen und dadurch die Welt, die Schöpfung, das Universum – scheinbar – hervorbringen.

*„Leere ist Form und Form ist Leere."* Herz-Sutra

133

# Sutra – Raum&Zeit = RaumZeitKontinuum

Der Mensch im Koordinatensystem von Raum und Zeit.

*„Menschen, die wie wir an die Physik glauben, wissen, dass die Unterscheidung zwischen Vergangenheit, Gegenwart und Zukunft nur eine besonders hartnäckige Illusion ist."* Albert Einstein

Es gibt physikalisch keinen Unterschied zwischen Vergangenheit, Gegenwart und Zukunft. Im reinen Bewusstsein existieren alle Zeitpunkte, alle Augenblicke parallel, also gleichzeitig ohne ein Vergehen von Zeit. Zeit ist eine relative menschliche Wahr-Nehmung, die vom Verstand ebenso kreiert wird wie das Hirngespinst Materie, aus der die Raumvorstellung hervorgeht.

# Sutra – Realität, Maya, Illusion

Die Welt erscheint im Auge des Beobachters.

Die menschliche Wahr-Nehmung ist ein Artefakt, ein Kunstprodukt des Gehirns. Das Gehirn „errechnet" die Realität und projiziert sie als Welt nach draußen. Die materielle Welt ist damit eine Illusion (lat. illusio, eitle Vorstellung), die aus *Inform*ation (lat. informatio, Vorstellung) besteht. In den indischen Veden und Upanishaden ist maya (Sanskrit „Illusion") die Basis von Denken und Wahrnehmung und wird von „chitta", dem Geist-Materie-Organ Gehirn, hervorgebracht. Chit ist das absolute Bewusstsein und chitta das relative Bewusstsein.

Das Wort Realität hat zwei Wurzeln: „res" (Ding) und „reri" (glauben, meinen, halten für). An die materielle Welt zu glauben ist ein Aberglaube.

135

# Sutra – Bewusstsein

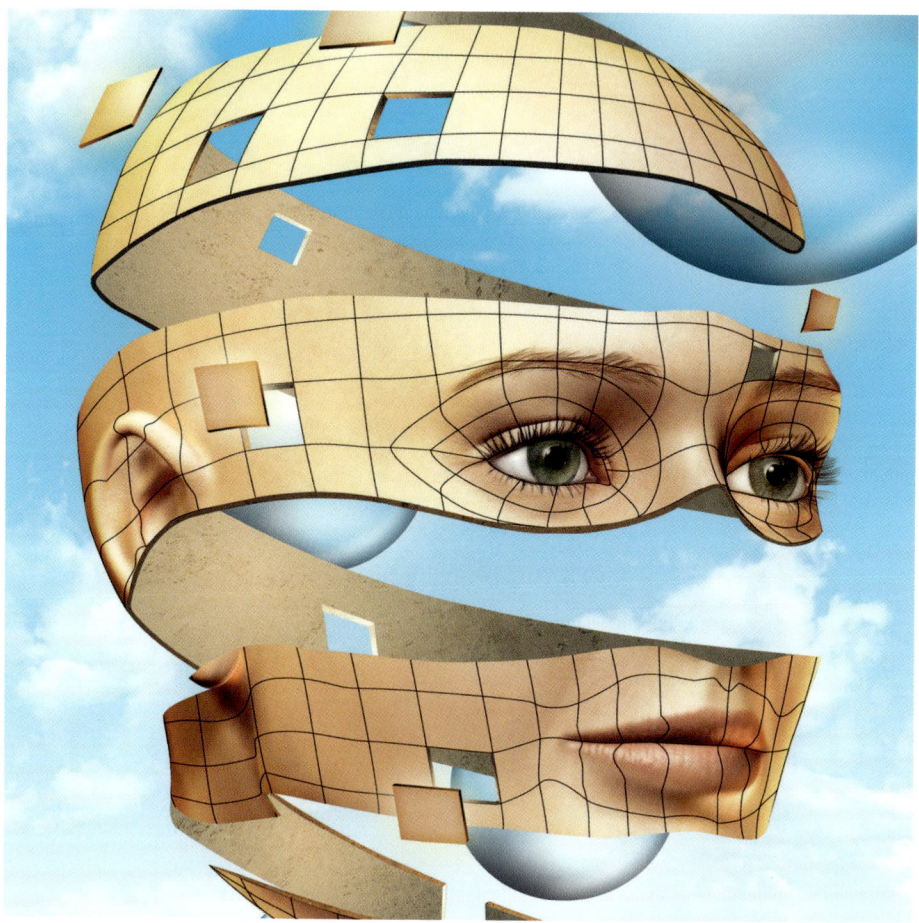

Bewusstsein transzendiert Denken.

*„Bewusstsein gibt es seiner Natur nach nur in der Einzahl. Ich möchte sagen: Die Gesamtzahl aller 'Bewusstheiten' ist immer bloß 'eins'."*
Physiknobelpreisträger Erwin Schrödinger

Wir können dieses eine reine Bewusstsein Gott, Tao, JAHWE, Sein oder das Absolute nennen.

# Sutra – YOGA, Meditation und Kontemplation

Sei (k)ein Frosch, mach' Yoga!

Durch YOGA, Meditation und Kontemplation kann eine andere Dimension als das Mind-Programm aktiviert werden: **Bewusstsein**.
**Warnhinweis**: Es gibt *Yoga*, das sich Yoga nennt, aber kein **YOGA** ist.

137

# Sutra – Raum&Zeit und Ewigkeit

*„Ein menschliches Wesen ist ein Teil des Ganzen, das wir `Universum´ nennen, ein in Raum und Zeit begrenzter Teil. Es erfährt sich selbst, seine Gedanken und Gefühle, als etwas von allem anderen Getrenntes – eine Art optische Täuschung seines Bewusstseins."* Albert Einstein

Raum und Zeit sind nicht mehr die große absolute Bühne der Welt, sondern relative Hirnkonstrukte des Homo sapiens sapiens. Die von uns Menschen wahr-genommene Realität ist relativ. Diese Realität korreliert mit der Struktur und der Arbeitsweise des menschlichen Gehirns. Der Verstand als Bezugssystem erarbeitet die relative Realität, die aber vom Inhaber des Gehirns für die objektive Wirklichkeit gehalten wird. Der Mensch ist relativ zum Absoluten und gleichzeitig das Absolute.

# Sutra – Positives Denken und Bewusstsein

Denken ist nur ein Aspekt des Bewusstseins.

Positives Denken ist und bleibt **Denken**.

Denken ist primär ein materieller Prozess. Die biochemisch-elektrischen Prozesse im Gehirn bringen für den Hirnbesitzer erfahrbare Gedanken hervor. Bewusstsein ist eine höhere Dimension, die Denken transzendieren kann. Bewusstsein beinhaltet materielle Denkprozesse, geht aber über sie hinaus in die nicht-materielle energetische Dimension des Seins: Das nicht-lokale Bewusstseins-**Feld** wird aktiviert.

> *„Wer sich dem positiven Denken verschreibt, verweilt weiterhin im Bann-kreis seiner Bindungen und Abhängigkeiten. Diese Art von Denken macht nicht frei."* Theo Fischer

# Sutra – Der Mensch

Beam me up, Einstein.

„Ich bleibe dabei, dass das Mysterium des Menschen vom wissenschaftlichen Reduktionismus in unglaublicher Weise herabgewürdigt wird, wenn er beansprucht und verspricht, die gesamte spirituelle Welt letzten Endes auf materialistische Weise mit Mustern neuronaler Aktivität erklären zu können. Dieser Glaube muss als ein Aberglaube betrachtet werden. Wir müssen erkennen, dass wir sowohl spirituelle Wesen sind, die mit ihrer Seele in einer spirituellen Welt existieren, als auch materielle Wesen, die mit ihrem Körper und ihrem Gehirn in einer materiellen Welt existieren."
Medizinnobelpreisträger John C. Eccles

140

# Sutra – Nahtoderfahrung: Das Gehirn ist hirntot

Die Erfahrung des reinen Lichts.

*„Bei einer NTE (Nahtoderfahrung) wird während eines totalen Ausfalls aller Gehirnfunktionen sowohl ein körperunabhängiges erweitertes Bewusstsein erlebt als auch später eine bewusste Rückkehr in den Körper. Aufgrund prospektiver Studien zur NTE, neuerer Erkenntnisse der neurophysiologischen Forschung und der Entdeckungen der Quantenphysik bin ich zu der festen Überzeugung gelangt, dass das Bewusstsein weder an eine bestimmte Zeit noch einen bestimmten Ort gebunden ist. Dieses Phänomen nennt man Nicht-Lokalität. In einem solchen Raum, in dem Vergangenheit, Gegenwart und Zukunft gleichzeitig existieren und zugänglich sind, ist das vollkommene und endlose Bewusstsein allgegenwärtig."* P. van Lommel

# Sutra – Das Feld

„Das Feld ist die einzige Realität."

„*Wir können daher Materie als den Bereich des Raumes betrachten, in dem das Feld extrem dicht ist, denn das Feld ist die einzige Realität.*"
Albert Einstein

„*Der Herr sprach: Dieser Leib, Kunti-Sohn, wird als Feld bezeichnet; das, was solches erkennt, nennen diejenigen, die es wissen, den Feldkenner.*"
Bhagavad Gita

„*So sage ich Ihnen nach meinen Forschungen des Atoms dieses: Es gibt keine Materie an sich. Alle Materie entsteht und besteht nur durch eine Kraft, welche die Atomteilchen in Schwingungen versetzt und sie zum winzigsten Sonnensystem des Atoms zusammenhält…Materie an sich gibt es nicht, es gibt nur den belebenden, unsichtbaren, unsterblichen Geist als Urgrund der Materie.*" Physiknobelpreisträger Max Planck

# Sutra – Schlaftraum und Wachtraum

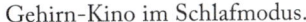

Gehirn-Kino im Schlafmodus.

Gehirn-Kino im Wachmodus.

Der **Schlaftraum** ist der vom Träumer wahrgenommene „Gehirnfilm" während der Schlafphase mit Gehirnwellenfrequenzen im Delta- und Thetabereich (3 – ca. 7 Hz). Der träumende Mensch ist im Traum nicht der Träumer, sondern das geträumte Ich. Ist dem Schläfer bewusst, dass er träumt, nennt man den Traum einen luziden Traum und den träumenden Menschen einen luziden Träumer.

Der **Wachtraum** ist die vom Menschen im sogenannten Wachbewusstsein wahrgenommene Realität im Bereich der Gehirnwellenfrequenzen von 8 – ca. 100 Hz. Der „träumend-wache" Mensch erlebt sich in dieser Realität als handelndes Ich, als Person, als Ego, als Individuum, getrennt von seiner Umwelt. Auch im Wachtraum ist der Mensch aber letztlich ein „geträumter" Mensch; „geträumt" vom reinen Bewusstsein im reinen Bewusstsein.

*„Das Bewusstsein inkarniert sich in der manifesten Dimension; anders ausgedrückt: Es wird zu Form. Dabei tritt es in einen traumähnlichen Zustand ein. Die Intelligenz bleibt erhalten, aber das Bewusstsein verliert die Bewusstheit seiner selbst. Es geht ganz in der Form auf und identifiziert sich mit ihr."* Eckhart Tolle

143

# Sutra – Gott

„God has no religion." Mahatma Gandhi                    Gott ist konfessionslos.

Gott ist kein Wesen.
Gott ist reines Bewusstsein.
Gott ist die Quelle allen Seins.

> „Ich habe gesagt, ihr seid Götter, ihr seid Kinder des Höchsten." Psalm 82,6

> „Und Gott schuf den Menschen zu seinem Bilde, zum Bilde Gottes schuf er ihn, und schuf sie als Mann und Weib." Mose 1, 27

> „Gott ist das Sein selbst, kein Wesen. Es kann hier keine Subjekt-Objekt-Beziehung, keine Dualität, nicht dich und Gott geben." Eckhart Tolle

144

# Sutra – Gehirnwellen

| EEG - Frequenzbänder = Hirnwellen | | | | |
|---|---|---|---|---|
| **Frequenzband** | | | Zustände | Effekte |
| **Delta** | | 0,5 - 3,5 Hz | Tiefschlaf, Trance | |
| **Theta** | **Niedrig** (Theta 1) | 4 - 6,5 Hz | Hypnagogisches Bewusstsein (Einschlafen), Hypnose, Wachträumen | |
| | **Hoch** (Theta 2) | 6,5 - 7 Hz | Tiefe Entspannung, Meditation, Hypnose, Wachträumen | Erhöhte Erinnerungs- und Lernfähigkeit, Konzentration, Kreativität |
| **Alpha** | | 8 - 13 Hz | Leichte Entspannung, Unterbewusstes Lernen, gerichtete Aufmerksamkeit, geschlossene Augen | Erhöhte Erinnerungs- und Lernfähigkeit |
| **Beta** | **Niedrig** | 14 - 15 Hz | Entspannte nach außen gerichtete Aufmerksamkeit | Gute Aufnahmefähigkeit und Aufmerksamkeit |
| | **Mittel** | 15 - 21 Hz | Hellwach, normale bis erhöhte nach außen gerichtete Aufmerksamkeit und Konzentration | Gute Intelligenzleistung |
| | **Hoch** | 21 - 38 Hz | Hektik, Stress, Angst oder Überaktivierung | Sprunghafte Gedankenführung |
| **Gamma** | | 38 - 100 Hz | Anspruchsvolle Tätigkeiten mit hohem Informationsfluss | Transformation oder neuronale Reorganisation |

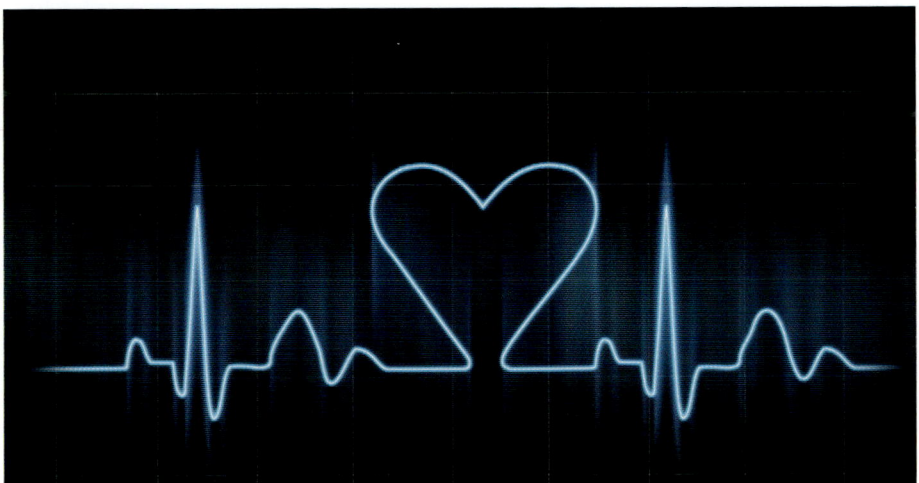

Hirnwellen in Liebesschwingung.

# Sutra – Para-Psychologie und Siddhis

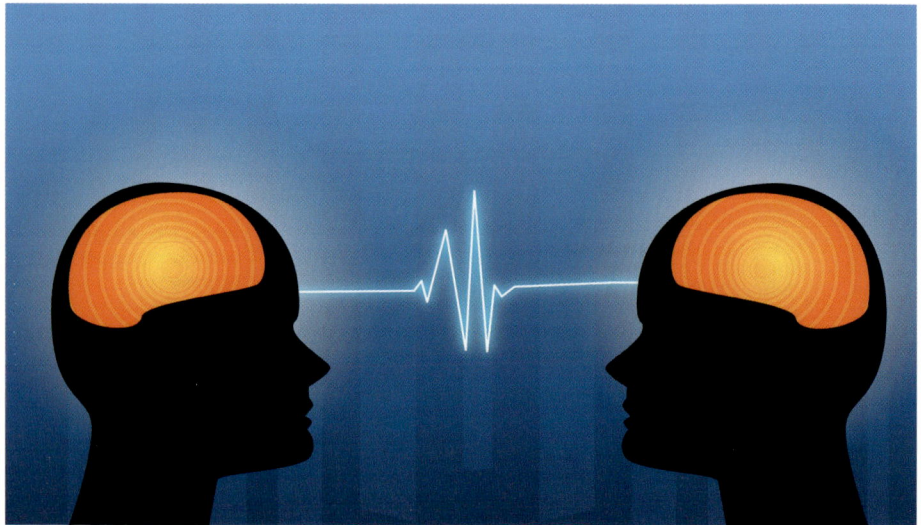

Online im Bewusstseinsnetz.

Als Para-Psychologie werden Phänomene bezeichnet, die mit der materiellen Vorstellung von Perzeption (Wahrnehmung) und Apperzeption (Denken) nicht erklärbar sind. Siddhis (Sanskrit „vollkommene Fähigkeiten") sind sogenannte übernatürliche Fähigkeiten, die sich als Nebenprodukte spiritueller Entwicklung einstellen können.

**Online im Bewusstseinsnetz** heißen diese Phänomene in aktueller Konnotation. Das Empfangen von In**form**ationen aus Quellen, die als übersinnlich gelten, wird auch als Psi-Phänomen bezeichnet. Intuition und Inspiration sind sozusagen Informationen aus dem „Nichts".

Hellsehen, Remote viewing, Prä- und Retro-Kognition. Telepathie, Channeling, Teleportation, Telekinese etc. können als In**form**ationen aus dem Bewusstseins-**Feld** interpretiert werden.

> *„Der Mensch besitzt auch eine Fähigkeit, durch die er seine Freunde und die momentanen Gegebenheiten, denen diese gerade unterliegen, erkennen kann, obwohl sie zum betreffenden Zeitpunkt tausend Kilometer entfernt sein können."* Paracelsus

# Sutra – Schöpfer und Schöpfung

Dualität ist ein mentales Konstrukt.

*„Das Tao, von dem man sprechen kann, ist nicht das wahre Tao.*
*Der Name, der sich nennen lässt, ist nicht der ewige Name.*
*Alles Sein entsteht aus dem Nichtsein.*
*Das Nichtsein, das Namenlose, ist der Ursprung.*
*Das Sein ist die Mutter, die Schöpferin aller Dinge.*
*Folge dem Nichtsein des Tao, so kannst du ihm gleichen*
*und schaust die Wunder, die Wurzel allen Seins.*
*Folge dem Sein, so kannst du das Nichtsein zwar nicht erfassen,*
*doch erkennst du in allem noch etwas vom Tao.“* Tao Te King

Seminarzentrum von Prof. Dr. Gela Weigelt  in Schnega.

Hof Schnega
Boneser Str. 37
29465 SCHNEGA
Fon: 05842- 981 881
Fax: 05842 - 981 444
www.QuantenCoaching.de
www.QuantenCoaching@web.de

# Bildquellen

## iStockPhoto.com

| | |
|---|---|
| 9734709 | 99576 |
| 1486457 | 6864497 |
| 11840875 | 10265267 |
| 10109984 | 4950259 |
| 10924520 | 6935624 |

## Fotolia.de

| | |
|---|---|
| 788455 | 417242 |
| 522453 | 8097817 |
| 14652293 | 4723686 |
| 4326988 | 5094871 |
| 1590799 | 8788572 |
| 1932082 | 2528912 |
| 1745881 | 434772 |
| 10056459 | 10137791 |
| 1548187 | 2229191 |
| 5650304 | 4983540 |
| 3572227 | 8926419 |
| 3572213 | 6552108 |
| 1708647 | 8676054 |
| 9906118 | 10915526 |
| 4523681 | 287046 |
| 5011985 | 9060099 |
| 9395858 | 15388397 |
| 21209949 | 4549588 |
| 7387255 | 3488664 |
| 20180609 | 13731425 |
| 938668 | 2100160 |
| 4580562 | 4004916 |
| 3489827 | 5845244 |
| 9471813 | 70096 |
| 3588216 | 14819416 |
| 2195307 | 2754891 |

## David Gwiasda

| | | |
|---|---|---|
| S. 14 | - | Descartes und Buddha |
| S. 22 | - | Foto Sarah Landmann |
| S. 39 | - | Tabelle Autopilot |
| S. 70 | - | Rückkoppelungsschleife |
| S. 134 | - | Sutra Materie |
| S. 146 | - | Sutra Gott |
| S. 147 | | Tabelle Gehirnwellen |

## Layout und Satz

*David Gwiasda*, B.A.
Köln/Hannover
dgwiasda@arcor.de

# Literaturverzeichnis

Al-Hhalili, J.: Quantum. Moderne Physik zum Staunen, München 2005

Aurel, Marc: Wege zu sich selbst, München 2006

Bäumer, B.: Vijnana Bhairava. Das göttliche Bewusstsein, Frankfurt 2008

Balsekar, R. S. : Die eine Wahrheit, Freiburg 1999

Balsekar, R. S.: Anmerkungen zu Wissenschaft und Nicht-Dualität, Freiburg 2000

Bhagavad Gita, München 2004

Blackburn, S.: Denken, Darmstadt 2001

Bösch, J.: Versöhnen und Heilen, München 2008

Brehmer, C.: Vom Urknall zur Erleuchtung, Petersberg 2007

Broks, P.: Ich denke, also bin ich tot, München 2003

Brück, M. v. : Einführung in den Buddhismus, Frankfurt 2007

Capra, F.: Das Tao der Physik, Bern 1972

Carroll, L.: Alice im Wunderland, Frankfurt 1993

Chopra, D.: Die göttliche Kraft, München 2002

Cope, S.: Die Weisheit des Yoga, München 2007

Dalai Lama: Die Welt in einem einzigen Atom, Berlin 2005

Ditfurth, H. v.: Wir sind nicht nur von dieser Welt, Hamburg 1994

Douglas-Klotz, N.: Das Vaterunser, München 2007

Dyer, W.: Ändere deine Gedanken und dein Leben ändert sich, München 2008

Dürr, H.-P.: Physik und Transzendenz, München 1990

Eckhart, Meister: Deutsche Predigten und Traktate, München 1963

Einstein, A.: Einstein sagt, München 2004

Esfeld, M.: Holismus, Frankfurt 2002

Feuerstein, G.: Die Yoga-Tradition, Wiggensbach 2008

Fischer, T.: Wu Wei, Reinbek 1993

Filk, T./Giulini, D.: Am Anfang war die Ewigkeit, München 2004

Fölsing, A.: Albert Einstein, Frankfurt 1995

Giacobbe, G.: Wie Sie Ihre Hirnwichserei abstellen und stattdessen das Leben genießen, 2005

Görnitz, T: Quanten sind anders, Heidelberg 1999

Goswami, A.: Das bewusste Universum, Freiburg 1995

Govindan, M.: Die Kriya-Yoga-Sutras des Patanjali und der Siddhas, Kempten, 2002

Gribbin, J.: Auf der Suche nach Schrödingers Katze, München 2000

Grof, S. und C.: Spirituelle Krisen, Darmstadt 2008

Häusel, H.-G.: Think Limbic!, Planegg 2000

Hauskeller, M.: Ich denke, aber bin ich?, München 2000

Hawkins, D.: Die Ebenen des Bewusstseins, Kirchzarten 2005

Hayward, J.: Die Erforschung der Innenwelt, Frankfurt 1996

Hirschhausen, E. v.: Die Leber wächst mit ihren Aufgaben, Reinbek 2008

Hofstadter, D. R.: GödelEscherBach, München 1991

Jäger, W.: Suche nach dem Sinn des Lebens, Petersberg 2004

Kabat-Zinn, J.: Gesund durch Meditation, Frankfurt 2006

Kaku, M.: Die Physik des Unmöglichen, Hamburg 2008

Kinslow, F.: Quantenheilung, Freiburg 2009

Kinnebrock, W.: Bedeutende Theorien des 20. Jahrhunderts, München 1999

Kohl, T.: Buddhismus und Quantenphysik, Aitrang 2004

Laszlo, E.: Wissenschaft und Wirklichkeit, Frankfurt 1994

Laszlo, E.: HOLOS; Petersberg 2002

Laszlo, E.: Zu Hause im Universum, Berlin 2007

Lommel, P. v.: Endloses Bewusstsein, Düsseldorf 2009

Love, J.: Die Quantengötter, Reinbek 1987

Loy, D.: Nondualität, Frankfurt 2001

Mair, J./ Becker, S.: Fake for Real, Frankfurt 2005

Malin, S.: Dr. Bertlmanns Socken. Wie die Quantenphysik unser Weltbild verändert, Leipzig

Markowitsch, H./ Siefer, W.: Tatort Gehirn, Frankfurt 2007

McTaggart, L.: Intention, Kirchzarten 2007

Mieth, D.: Meister Eckhart. Einheit mit Gott, Düsseldorf 2008

Neuhäusler, A.: Wir sind alle eins, Petersberg 1997

Niemz, M.: Lucys Vermächtnis, München 2009

Nisargadatta Maharaj: Ich bin, Bielefeld 1998

Pietschmann, H.: Das Ende des naturwissenschaftlichen Zeitalters, 1995

Pirsig, R. M.: ZEN und die Kunst ein Motorrad zu warten, 1976

Platsch, K.-D.: Das heilende Feld, Frankfurt 2009

Platsch, K.-D.: Was heilt, Stuttgart 2007

Precht, R. D.: Wer bin ich und wenn ja, wie viele?, München 2007

Raphael: Yoga. Initiationswege zum Transzendenten, Bielefeld 2001

Ricard, M.; Glück, München 2007

Ricard, M./Trinh Xuan Thuan: Quantum und Lotus, München 2008

Roth, G.: Aus der Sicht des Gehirns, Frankfurt 2003

Roth, G.: Persönlichkeit, Entscheidung und Verhalten, Stuttgart 2007

Sacks, O.: Der Mann, der seine Frau mit dem Hut verwechselte, Reinbek 2009

Schäfer, Lothar: Versteckte Wirklichkeit, Stuttgart 2004

Schopenhauer, A.: Die Welt als Wille und Vorstellung, 2002

Schrödinger, E.: Geist und Materie, Zürich 1989

Schrödinger E.: Mein Leben, meine Weltansicht, München 2006

Schulte, G.: Neuromythen, Frankfurt 2001

Scobel, G.: Weisheit. Über das, was uns fehlt, Köln, 2008

Segal, S.: Kollision mit der Unendlichkeit, Reinbek 2000

Sheldrake, R./ Fox, M.: Die Seele ist ein Feld, München 2001

Sheldrake, R.: Das schöpferische Universum, 2008

Siefer, W./Weber, C.: Ich. Wie wir uns selbst erfinden, Frankfurt 2006

Singer, W.: Vom Gehirn zum Bewusstsein, Frankfurt 2006

Sloterdijk, P. (Hrsg.): Mystische Weltliteratur, München 2007

Starkmuth, J.: Die Entstehung der Realität, Bonn 2008

Sudbrack, J.: Mystik, Darmstadt 2002

Takahashi, R: Heilen mit Quantenenergie, Norderstedt, 2009

Toben, B.: Raum-Zeit und erweitertes Bewusstsein, Frankfurt 1980

Tolle, E.: JETZT. Die Kraft der Gegenwart, Bielefeld 2002

Tolle, E.: Eine neue Erde, München, 2005

Upanishaden: Die Geheimlehre der Inder, Köln 1986

Vivekananda: Vedanta, München 1996

Watts, A.: Die Illusion des Ich, München 2005

Weigelt, G.: QuantenCoaching, Norderstedt 2004

Weigelt, G.: Quantensprünge des menschlichen Bewusstseins, Petersberg 2008

Weigelt, G.: Tore zum transpersonalen Bewusstsein, Petersberg 2009

Weizsäcker, C. F.: Die Einheit der Natur, München 1979

Wilber, K.: Wege zum Selbst, München 1991

Wolz-Gottwald, E.: Der Yoga-Philosophie-Atlas, Petersberg 2006

Wolz-Gottwald, E.: Yoga-Weisheit leben, Petersberg 2009

Zeilinger, A.: Einsteins Schleier, München 2003

# Weitere Bücher aus dem Verlag Via Nova:

## Tore zum transpersonalen Bewusstsein
In der Welt sein, aber nicht von der Welt sein
**Gela Weigelt**

Paperback, 184 Seiten, ISBN 978-3-86616-148-1

Dieses Buch stellt alte Weisheitslehren und neuere wissenschaftliche
Erkenntnisse der Quantenphilosophie und Neurowissenschaft vor, die
sich mit den großen Problemfragen der Menschheit beschäftigen:
Wer oder was ist der Mensch, diese Person (lat. persona = Maske des
Schauspielers), die an sich selbst und an anderen Personen leidet, die
alle ihre Lebensrollen spielen? Wie kann es gelingen, hinter der Maske
die wahre Identität zu erkennen? Wie können wir unsere Ego-Masken
transzendieren und das Absolute, das Göttliche, jenseits der Person
hindurchtönen lassen und dieses erkennen? Die Autorin Prof. Dr. Weigelt ist im Sinne Buddhas überzeugt: kein Ego – kein Leid.

## Quantensprünge des menschlichen Bewusstseins
Vom Ego zum Ich-bin
**Gela Weigelt**

Paperback, 184 Seiten, 5 Zeichnungen, ISBN 978-3-86616-101-6

Nichts ist so unglaubwürdig wie das „Ich". Das „Ich" ist eine Konstruktion. Diese provozierenden Thesen untersucht die Autorin mit Hilfe der
Wissenschaft und der Spiritualität. Neben Ergebnissen aus der Hirnforschung werden Erkenntnisse der Quantenphysik vorgestellt, die die
uralte Frage nach dem Ego des Menschen um neuzeitliche Aspekte bereichern. Die Hirnforschung weist nach, dass das „Ich" eine Simulation
der ca. 3 Pfund schweren Masse in unserem Schädel ist, während die
Quantentheorie das Bewusstsein als zentrale „Instanz" der Wirklichkeit
sieht. Der Quantensprung des menschlichen Bewusstseins ist ebenso
wie der Quantensprung in der Physik ein diskontinuierlicher Übergang von einer Ebene zur anderen. Die Ebenen des menschlichen Bewusstseins sind transzendent, daher ist Erleuchtung einem
Quantensprung vergleichbar.

## Spiritualität ist die Zukunft
Eine neue Weisheitskultur für das 21. Jahrhundert
**Copthorne Macdonald**

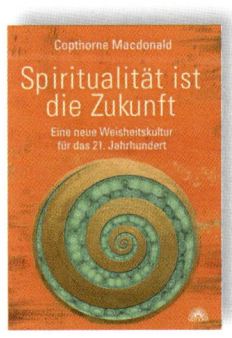

Paperback, 320 Seiten, ISBN 978-3-86616-170-2

In diesem Buch beschreibt der Schriftsteller und Gelehrte C. Macdonald umfassend, übersichtlich und überzeugend die Umbruchsituation,
in der sich Individuen und Menschheit heute befinden. Er zeigt wesentliche historische und aktuelle Wirkungskräfte und Zusammenhän-
ge auf und vermittelt tiefgründige Kenntnisse über unsere kosmische,
globale und psychisch-mentale Realität. Aus diesem Verstehen im Zusammenhang dieser „Tiefenerkenntnis" entwickelt er eine realistische
Vorstellung, wie die heutige Welt, Gesellschaft und Wirtschaft bis
2050 integral transformiert werden sollte, gekennzeichnet durch ma-
terielle Nachhaltigkeit, wirtschaftliche Gerechtigkeit, lebendige lokale und globale Kulturen und
genügend Freizeit für ein erfülltes Privatleben.

### Finde das Wunderbare in dir!
**Ein Wegbegleiter für das persönliche und spirituelle Wachstum**
Eliza Mada Dalian

Paperback, 256 Seiten, ISBN 978-3-86616-188-7

Haben wir uns nicht immer gefragt, wie wir von Leiden, Leere und Festgefahrensein zu kosmischer Freude, Liebe und Bewusstsein erwachen können? Eliza Mada Dalian zeigt uns mit erfrischender Direktheit den Weg dorthin – Schritt für Schritt. Ganz lebenspraktisch, mit kraftvollen Übungen, Einsichten und Visualisationen, führt ihr mit acht Preisen ausgezeichnetes Buch von der Entwicklung bis zur Heilung des Ego, durch die Schleier der Illusion und die Gedankenfallen hin zur Freiheit und zur Liebe. „Hätte ich dieses Buch vor 20 Jahren gelesen, hätte es mir viel Schmerz, Zeit und unnötige Anstrengungen erspart." (Albert Sturm)

### Der Quantensprung im globalen Gedächtnis
**Wie ein neues wissenschaftliches Weltbild uns und unsere Welt verändert**
Ervin Laszlo

Hardcover, 160 Seiten, ISBN 978-3-86616-153-5

Im planetaren Wandel mithelfen, Einsichten verbreiten, menschliches Überleben, Nachhaltigkeit, Wohlsein und Frieden sichern. Mit Blick auf die neuesten, oft revolutionären Erkenntnisse in den Bereichen von Kosmologie, Quantenphysik und Bewusstseinsforschung zeigt Ervin Laszlo wissenschaftlich fundiert, aber dennoch in klarer und verständlicher Sprache, dass das alte Weltbild überholt ist und wir uns einem ganz neuen Bild der Wirklichkeit stellen müssen. Er beschreibt den global und interkulturell sich bereits heute vollziehenden Paradigmenwechsel auf allen Ebenen des Lebens. Er begründet mit den Erkenntnissen der modernen Wissenschaften, dass ein neues Bewusstsein in der Menschheit entsteht. Dieses Buch informiert umfassend und tiefgründig, regt an und macht Mut, mit erweitertem Bewusstsein diese Initiativen zu unterstützen und zu einer positiven Veränderung in der Welt beizutragen.

### Der Akasha–Code
**Wie das kosmische Bewusstseinsfeld uns beeinflusst**
Ervin Laszlo

Hardcover, 288 Seiten, ISBN 978-3-86616-169-6

Beinahe täglich begegnen uns Dinge, die wir mit dem normalen Denken nicht erklären können. Dass eine Freundin anruft, an die man gerade gedacht hat. Dass man einfach spürt: Ich muss jetzt dies oder jenes tun. Lange Zeit hießen diese Phänomene „Intuition", „Hellsehen" oder „Geistheilen". Heute weiß man: Sie sind Teil eines universellen Feldes des Bewusstseins, das in der alten Yoga-Wissenschaft das „Akasha-Feld" genannt wird. Ervin Laszlo hat in seinem neuen Buch lebendige Erfahrungen mit dem Akasha-Feld zusammengetragen: von Künstlern, Wissenschaftlern, Psychologen oder Managern, die ein Fenster auftun in eine Zukunft – für uns alle.

# Der verborgene Code des Bewusstseins
## Der Quantengeist in der Naturwissenschaft und in der Psychologie / Arnold Mindell

Paperback, 608 Seiten, ISBN 978-3-86616-159-7

Man muss das Universum verstehen, um sich selbst zu erkennen. In diesem umfassenden Buch des amerikanischen Psychologen und Physikers Arnold Mindell werden grundlegende moderne Erkenntnisse der Physik und der Tiefenpsychologie auf die traditionelle Weisheit der Menschheit in unterschiedlichen Kulturen bezogen und zusammenfassend erklärt. Die sog. objektive, sinnlich wahrnehmbare, mathematisch-physikalisch messbare Welt und entsprechendes Denken werden aufgrund der Quantenforschung ergänzt und vertieft, indem die psychischen Befindlichkeiten der Beobachter, ihre nichtlokale, nichtzeitliche Spürerfahrung, Intuition und Träume einbezogen und mathematisch beschrieben werden. Anschauliche Beispiele, experimentelle Übungen und Abbildungen sowie überschaubare Kapitel und sprachliche Vereinfachungen machen die Darlegungen auch für Laien verständlich. Wer auf den sich gegenwärtig vollziehenden Paradigmenwechsel neugierig ist, wird dieses spannende Buch lesen wollen.

# Mystisches Bewusstsein erwacht in uns
## Religiosität der Zukunft / Wolfgang G. Esser

Paperback, 448 Seiten, ISBN 978-3-86616-182-5

Wir erleben heute in der westlichen Zivilisation eine tiefe Krise der Religion. Aber es wird ein neuer religiöser Weg sichtbar, wo erst wenige ihn bisher ahnten. Er führt zur tieferen Quelle aller zeitübergreifenden Religiosität, zum Seelengrund, wie ihn die Mystiker genannt haben. In diesem Buch kommen die psychischen Prägungen westlicher Gesellschaften, Narzissmus und postmoderne Ich-Orientierung ebenso zur Sprache wie die aktuelle religiöse Weltlage, die Mystik in den Weltreligionen und außerhalb religiöser Traditionen, Beispiele wissenschaftlicher Auseinandersetzung mit Mystik, Kultivierungswege spiritueller Intelligenz und alltagspraktische Anregungen zur Kontemplation und Meditation.

# Die Vision vom göttlichen Menschen
## Eine spirituelle Weg-Begleitung in das neue Jahrtausend
## Barbara Schenkbier

Paperback, 424 Seiten, 21 ganzseitige Bilder, ISBN 978-3-928632-68-3
Prachtband: Geb., 424 Seiten, Einband Kunstleder mit Goldaufdruck, 21 ganzseitige Bilder, Zweifarbendruck, ISBN 978-3-928632-18-8

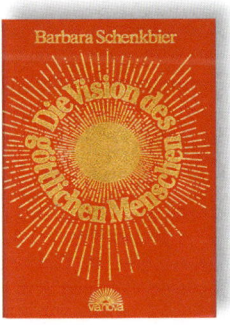

Das Buch ist ein umfassendes Standardwerk, das den Durchbruch einer neuen Evolutionsstufe im Bewusstsein des Menschen vorbereiten hilft. Aufbauend auf wissenschaftlichen Erkenntnissen und der mystischen Tradition aller Religionen führt es zu einem tieferen Wissen über das menschliche Bewusstsein, um dann den Weg zum göttlichen Menschen zu beleuchten. Alle wichtigen Schritte werden beschrieben, wesentliche Übungen aus einer neuen Sicht heraus dargestellt und die Transformationsstufe zu einem neuen Bewusstsein geschildert. Beim Lesen und Anwenden der beschriebenen Wahrheiten eröffnet sich dem Leser eine neue Sicht auf den Sinn des Lebens. Alle, die den geistigen Weg beschreiten, werden ihn besser verstehen, ihn bewusster, mutiger und konsequenter weitergehen. Das Buch ist aus der eigenen spirituellen Erfahrung der Autorin heraus geschrieben und eröffnet den Blick in eine Zukunft, die die evolutionäre Schöpferkraft selbst schaffen wird.

## Ich will leben statt gelebt zu werden
### Ein Weg zur inneren und äußeren Freiheit
### Matt Galan Abend

Hardcover, 144 Seiten, ISBN 978-3-86616-189-4

Ist das wirklich mein Leben, das ich hier und jetzt lebe? Wie kann ich frei werden von dem, was „man" denkt und tut, und mich und mein Leben aus meinem innersten Wesenskern heraus selbst bestimmen? Der Psychotherapeut M.G. Abend ermuntert den Leser, sich diesen Fragen zu stellen, sich und seine Lebensumstände zu analysieren, die Bedürfnisse seines „wahren Ichs", seiner Seele als innerer Beobachter, die Lernaufgabe und den Sinn des eigenen Lebens zu erkennen und sich selbst zu vertrauen. Dieses Buch hilft, besonders auch durch entsprechende Methoden und Beispiele, sich von inneren und äußeren Belastungen („Energiefresser") zu lösen, die eigenen Lebensverhältnisse zu verbessern, frei zu werden und mehr Lebensfreude zu empfinden.

## Sich ändern – statt ärgern
### Vom Umgang mit turbulenten Gefühlen
### Kurt A. Richter

Paperback, 288 Seiten, ISBN 978-3-86616-124-5

Machen Sie sich fit im Umgang mit arroganten, nörglerischen, vorwurfsvollen, eifersüchtigen, rechthaberischen, neidischen und zynischen Zeitgenossen. Erkennen Sie die inneren Ursachen negativer Gefühlszustände, die Ihr Selbstbewusstsein und Ihre besten Qualitäten unterdrücken. Entdecken Sie anhand von 22 inspirierenden Gesprächen, ähnlich der Dialog-Methode von Sokrates, völlig neue Möglichkeiten, mit verbalen Tiefschlägen und turbulenten Gefühlszuständen wie Ärger, Schuldgefühlen, Streit, Sorgen, Prüfungsängsten und Schlafstörungen umzugehen. „Update your brain" heißt:Aktualisieren Sie Ihr Denken und bringen Sie Ihre soziale Kreativität auf den neuesten Stand. „Update your brain" heißt:

*Update für deinen Geist ... dein Gemüt ... dein Wohlbefinden ... deine Leistungsfähigkeit ... deine Lebendigkeit ... dein Glückserleben ... deine Liebe ... deine Lebensfreude ... deine Kreativität ... deine Inspiration ... deine Leidenschaft ... deine Energie ... deinen Humor.*

## Wege der Achtsamkeit
### Über die Ethik der gewaltfreien Kommunikation
### Claus Eurich

Hardcover, 184 Seiten, ISBN 978-3-86616-089-7

Der Mensch ist Kommunikation. Jedes Wort, jede Geste, alles Tun und Nicht-Tun enthält eine Botschaft. In der Weise unseres Kommunizierens mit der Um- und Mitwelt, mit unserer Innenwelt und mit dem göttlichen Bereich erweist sich zugleich die Tiefe unserer ethischen und spirituellen Beheimatung. In drei Abschnitten geht dieses Buch der Beziehung von Spiritualität, Ethik und Kommunikation nach. Ein wesentlicher Fokus liegt dabei auf der wechselseitigen Verbundenheit allen Seins. Der Entwurf eines integralen Ethos mündet schließlich in grundlegenden und zugleich konkreten Schritten einer gewaltfreien und empathischen Kommunikation.Wir lernen uns entsprechend auszurichten. Sowohl im Alltagsleben eines jeden Menschen als auch in beruflichen und systemischen Kontexten kann dies eine große Hilfe auf dem Weg achtsamer Lebensgestaltung sein.